사랑하는 아들 이준에게

Elon Musk

엘론 머스크,
미래를 내 손으로
만들어

내가 **꿈꾸는 사람** _ 엔지니어

Elon Musk

엘론 머스크, 미래를 내 손으로 만들어

초판 1쇄 2015년 4월 20일
초판 6쇄 2022년 5월 2일

지은이 권오상

책임 편집 황여진
마케팅 강백산, 강지연
표지디자인 권석연
본문디자인 임나윤
사진제공 연합포토, 위키피디아

펴낸이 이재일
펴낸곳 토토북 04034 서울시 마포구 양화로11길 18 3층 (서교동, 원오빌딩)
전화 02-332-6255
팩스 02-332-6286
홈페이지 www.totobook.com
전자우편 totobooks@hanmail.net
출판등록 2002년 5월 30일 제10-2394호
ISBN 978-89-6496-255-8 44990
ISBN 978-89-6496-027-1 44890 (세트)

내가 **꿈**꾸는 **사**람 _ 엔지니어

Elon Musk

엘론 머스크,
미래를 내 손으로
만들어

글 권오상

팀

'아이언 맨'보다 멋진 엔지니어, 엘론 머스크

　영화 〈아이언 맨〉의 주인공 토니 스타크는 잘생겼어요. 여자들에게 인기도 많지요. 게다가 억만장자이기도 해요. 사실 이런 사람들은 생각보다 흔해요. '엄마 친구 아들' 중에도 몇 명 있죠. 그런데 토니는 급이 달라요. 아무리 영화 속 주인공이지만 멋있다고 생각하지 않을 수 없죠.

　토니가 왜 멋있는지 생각해본 적 있나요? 그것은 그가 그냥 돈 많은 '사장님'이 아니라 쿨한 '엔지니어'이기 때문이에요. 자신이 직접 만든 아이언 슈트Iron Suit를 입고 하늘을 날아다니죠. 이 슈트는 꽤 대단해요. 주인이 위기에 처하면 지구 반 바퀴를 돌아서라도 주인 앞에 나타나죠. 아무 데서나 살 수 있는 슈트가 아니라는 점도 중요해요. 토니 같은 엔지니어만 직접 만들고 가질 수 있죠.

　토니는 아이언 슈트를 왜 만들었을까요? 여러 가지 이유를 생각해볼 수 있어요. 분명한 건 누가 시켜서 만든 게 아니라는 점이에요. 그는 큰 회사를 소유한 사장이니까요. 자기가 만들고 싶어서 만들었죠. 과학 연구를 위해 만들었을까요? 그렇지는 않아요. 과학자들은 아이언 슈트를 만드는 건 과학이 아니라고 생각하거든요.

유명해지고 싶어서 만들었을까요? 글쎄요. 토니는 이미 너무나 유명한 사람인걸요. 노벨상 같은 상을 노린 것도 아니겠죠. 토니의 재산 정도면 그 상금은 없어도 그만이니까요. 그러면 재미 삼아 심심풀이로 만들었을까요? 스스로 만족하려고 뭔가를 만드는 사람도 있긴 해요. 하지만 토니가 단지 재미있자고 아이언 슈트를 만들었을 것 같지는 않아요. 그럼 도대체 엔지니어란 무얼 하는 사람일까요?

엔지니어는 문제를 풀기 위해 뭔가를 만드는 사람이에요. 문제를 푼다고 하니까 혹시 겁이 나나요? 지겹게 풀어야 하는 수학 문제를 말하는 건 아니에요. 세상에는 엔지니어가 해결해야 하는 많은 문제들이 있어요. 예를 들면, 엔지니어는 어떻게 하면 자동차를 더욱 빨리 달리게 만들 수 있을까 고민하죠. 환경 오염을 어떻게 줄일 수 있을까 고민하기도 하고요. 또 어떻게 우주여행을 안전하게 할지, 사고가 났을 때 어떻게 사람들을 구할지 등을 생각하죠. 종이 위에 답을 푸는 수학 문제와는 다른 문제인 거예요.

이 문제들은 저절로 해결되지 않아요. 해결을 위한 구체적인 수단이나 도구가 필요하죠. 엔지니어가 그것을 만드는 사람이에요. 〈아이언 맨〉영화를 예로 들자면, 토니의 '스타크 인더스트리'는 원래 최신형 무기를 만드는 군수 업체였어요. 그러다 무장 단체의 공격을 받아 치명상을 입고 납치된 후로 인생이 달라지죠. 금속 파편이 심장으로 들어가 죽게 될 상황에 처한 토니는 살아남기 위해 아크원자로를 만들어요. 자신에게 닥친 가장 큰 문제를 해결한 거죠.

토니는 그곳에서 자기 회사가 만들던 무기가 무고한 사람들의 목숨을 앗아간다는 사실을 깨닫고 괴로워해요. 그래서 결국 아이언 슈트를 만들죠. 사람을 공격하는 용도가 아닌, 위협으로부터 보호하기 위한 용도였어요. 무장 단체에서 탈출한 후 토니는 무기 개발을 중단하고 핵융합 원자로를 통해 세상에 청정에너지를 공급하고자 해요. 환경 문제와 에너지 문제를 동시에 해결할 수 있는 방법이기 때문이죠. 엔지니어가 이런 도구를 만들지 못하면 현실은 달라지는 게 아무것도 없어요.

영화 제작진이 〈아이언 맨〉을 만들 때 염두에 둔 사람이 있어요. 바로 이 책의 주인공인 엘론 머스크예요. 그는 토니처럼 여러 회사를 소유하고 있어요. 이 회사들의 제품은 아이언 슈트 못지않게 근사하죠. 재산도 토니 못지않게 많아요. 우리 돈으로 대략 10조 원 정도(2014년 기준)에 달하거든요.

머스크는 그렇게 부유한 집에서 태어나지 않았어요. 부모의 도움 없이 혼자 힘으로 이룬 거죠. '에이, 그게 어떻게 가능하겠어?' 하는 생각이 들지도 모르겠어요. 여러분도 충분히 가능하답니다. 정말 멋있는 엔지니어가 된다면 말이에요.

처음에 출판사로부터 엔지니어의 롤모델로서 엘론 머스크에 대한 책을 써달라는 요청을 받고 오랜 시간 고민했어요. 저는 기아자동차 연구소에서 6년간 자동차 엔지니어로 일했고, 삼성SDS에서 2년간 IT 엔지니어로 일했어요. 하지만 그 후론 10년 넘게 금융계에서 일하고 있기에 내가 이 책을 쓸 적임자일까 의문이 들었죠. 그렇지만 여러 분야에서 두루 일한 경험을 바탕으로 폭 넓은 시각에서 엔지니어에 대한 얘기를 해 달라는 출판사의 간곡한 부탁에 결국 설득되었어요.

그러고는 다시 엔지니어의 롤모델이 될 만한 사람에 누가 있을까 생각해봤죠. 결국엔 머스크가 최고라는 결론을 얻었어요. 중학생인 조카 태규와 지원이, 그리고 초등학생인 조카 혜원, 도현, 정현이가 재미있게 읽을 만한 책을 써 보자고 결심하게 됐지요. 아직은 유치원생인 제 아들 이준이도 언젠가는 자라 이 책을 읽을 거라는 생각도 하게 됐고요.

우리나라에서는 '엔지니어'보다 '기술자'라는 말을 더 많이 쓰죠. 하지만 이 말은 무언가 낮춰보는 어감이 있어요. 그렇지만 지금 엔지니어의 위상이 낮다고 해서 앞으로도 계속 그럴 거라고 생각하면 오산이에요. 미래는 항상 현재의 예상을 뛰어넘기 마련이거든요. 여러분이 너무나 당연하게 여기는 스마트폰은 10년 전만 해도 상상 속의 물건이었어요. 그렇지만 지금은 누구나 하나씩 가지고 있지요.

우리나라에서 엔지니어 위상이 낮은 것과는 달리, 다른 나라에서는 엔지니어를 어렵고 중요한 일 하는 멋진 사람들이라고 생각해요. 잘 믿어지지 않죠? 가장 극단적인 예를 들어 볼게요. 프랑스 하면 보통 예술과 와인의 나라로 생각하죠? 그런데 프랑스에선 실제로 엔지니어가 가장 존경받는 호칭 중의 하나예요. 아무나 할 수 있는 게 아니라는 거죠. 엔지니어들을 길러내는 고등교육기관이자 엑스[X]라는 애칭으로도 불리는 에콜 폴리테크닉École Polytechnique에는 1년에 가장 우수한 학생 400명만 입학할 수 있어요. 졸업 후에는 엔지니어의 마음가짐으로 다양한 분야에서 활약하죠. 프랑스 50대 기업의 최고경영자 중 절반이 엑스 졸업생이고, 대통령도 3명이나 배출했으니 말 다했죠.

우리나라에 진정 머스크 같은 사람이 많이 나왔으면 해요. 이 책을 읽다 보면 느끼겠지만 머스크는 무척 멋있고 대단한 사람이에요. 그렇지만 본받지 말아야 할 부분도 분명히 있어요. 여러분이 어릴 때 읽은 위인전의 주인공은 완벽한 사람인 것처럼 묘사되지만, 사실 완벽한 사람은 없어요. 매사가 완벽하면 그건 더 이상 사람이 아니죠.

그렇다고 해서 머스크와 같은 사람들을 존경하고 따라 하려는 게 쓸데없는 것은 아니에요. 앞선 시대에 살았던 인물의 장점을 내 자신의 것으로 삼으려는 데에서 배움은 시작되거든요. '머스크가 내 과외 선생님이다.' 하며 이 책을 읽는 것도 좋지 않을까 생각해요.

마지막으로 한 가지만 더 이야기할게요. 바로 엔지니어가 누리는 재미와 즐거움이랍니다. 뭔가를 만들고자 요모조모 궁리하고 마침내 그것을 완성했을 때의 뿌듯함은 경험해본 사람만이 알 수 있어요. 아직 학생이라서 공감하기 어렵다고요? 어려운 컴퓨터 게임을 정복하려고 몰두했을 때나 어릴 때 레고 블록을 모두 맞추던 때 느꼈던 기쁨을 기억하나요? 그때의 감정과 비슷한데 그것보다 훨씬 더 강렬해요. 엔지니어는 재미를 위해 무언가를 만들지는 않아요. 하지만 무언가를 만드는 과정에서 느끼는 재미와 행복은 엔지니어의 삶에서 빼놓을 수 없는 백미랍니다.

　나중에 그런 기쁨과 환희를 마음껏 누리는 여러분이 되기를 빌어요!

2015년 4월
용산 자택 서재에서
권오상

SF와 프로그래밍에

빠지다

난관을
극복하는 힘

"나는 기본적으로 눈앞에 닥친
현실이나 미래에 대해 낙관론자이다."

엘론 머스크

엘론 머스크는 남아프리카공화국에서 태어났어요. 엔지니어였던 아버지의 영향 때문인지 머스크는 궁금한 게 있으면 주저 없이 아버지에게 달려가 "이건 왜 그래요?"라고 물었다고 해요. 호기심 많고 영특해서 부모님의 사랑을 듬뿍 받았을 법한데, 머스크의 어린 시절은 그리 평탄하지 않았어요. 하지만 그 어려움이 머스크를 더 훌륭한 사람으로 성장하게 하는 밑거름이 되었죠. 자, 그럼 어린 시절의 머스크를 만나러 가볼까요?

남아공에서 태어난 백인 소년

머스크는 1971년 6월 28일 아프리카의 제일 남쪽에 위치한 남아프리카공화국에서 태어났어요. 남아프리카공화국은 2010년에 월드컵을 개최한 나라예요. 하지만 이 나라는 원래 아파르트헤이트Apartheid라는 인종분리 정책으로 악명 높았지요.

19세기에 유럽인들은 아프리카 땅을 빼앗고, 원래 그곳에 살고 있던 흑인 원주민을 극도로 차별했어요. 예를 들면, 백인들이 많이 사는 도시에서는 흑인이 집을 사지 못하도록 한다든지, 흑인과 백인 사이의 결혼을 금지시킨다든지, 심지어 흑인은 백인이 타는 버스를 못 타게 하는 등의 차별을 한 거예요.

여러분이 외모나 태어난 장소 때문에 이런 차별을 받는다고 생각해보세요. 너무나 어이없고 억울하지 않겠어요? 남아프리카공화국 인구의 80%에 달했던 흑인들은 오랫동안 저항했고, 결국 1994년에 흑인 대통령이 선출되면서 남아공의 인종분리 정책은 막을 내렸어요.

머스크가 태어나고 자란 도시는 남아공의 세 수도 중에 하나인 프리토리아Pretoria예요. 프리토리아는 백인들이 많이 살던 도시였는데, 머스크는 어렸을 때부터 인종분리 정책에 반감을 가졌다고 해요. 그가 태어나고 자란 1970~80년대에 흑인들의 저항이 가장 거셌거든요. 백인이라고 모두 인종분리 정책을 지지하거나 옹호

SF와 프로그래밍에 빠지다

한 건 아니라는 얘기죠.

머스크의 아버지는 남아공에서 태어났지만 영국 국적을 가진 전기-기계 엔지니어였어요. 어머니는 캐나다 국적의 모델이었고 요. 그렇게 보면 머스크는 아버지의 엔지니어 성향과 어머니의 예술가 성향을 모두 물려받았다고 볼 수도 있을 것 같아요.

하지만 정작 머스크 자신은 자기가 외할아버지를 닮았다고 생각했어요. 머스크의 외할아버지는 모험을 찾아 캐나다에서 남아공으로 온 사람이었거든요. 일흔 살을 바라보는 지금도 여전히 활발하게 모델 활동을 하고 있는 머스크의 어머니를 봐도 그의 기질이 짐작돼요.

이혼 가정에서 자라다

머스크의 집안 형편은 끼니를 걱정할 정도는 아니었지만 그렇다고 하고 싶은 걸 맘대로 다 할 수 있을 정도로 유복한 수준은 아니었어요. 게다가 머스크가 한국 나이로 열 살 되던 해에 그의 부모는 이혼을 했지요. 어머니가 집을 나간 후에는 아버지와 살았어요. 장남인 머스크는 남동생인 킴벌과 여동생인 토스카를 잘 돌봐주었다고 해요.

남아공은 이혼율이 17%밖에 되지 않아요. 아무리 꿋꿋하게 견딘다고 하더라도 어렸을 때 부모가 이혼하는 상황은 큰 충격이지

왼쪽이 일론 머스크이고, 오른쪽이 그의 남동생 킴벌 머스크예요.

요. 게다가 이혼율이 낮은 사회라면 그 충격은 더 컸다고 짐작할 수 있어요.

'사연 팔이'라는 말이 있죠? 오디션 프로그램을 보면 참가자들의 구구절절한 사연을 보여주잖아요. 처음 보면, '대단하다'는 생각이 들기도 하지만 거의 모든 참가자의 딱한 처지를 계속 보다 보면 어느 순간부터는 짜증이 나기도 해요. 그런데 참 신기해요. 성공한 사람 치고 사연이 없는 사람이 오히려 드물다고 할까요.

이런 경우 가능성은 둘 중 하나예요. 첫째, 알고 보면 세상 모든 사람들은 한 가지 이상의 곤경을 갖고 있는 거예요. 완벽한 사람은 없다는 얘기죠. 둘째, 모든 사람이 어려움을 겪지는 않지만 어려움을 겪은 사람만이 크게 되더라는 거예요. 부족함이 없는 환경에서 자라면 무언가를 성취하려는 동기가 약해질 수 있다는 이야기는 충분히 그럴 듯해요. 실제 통계적으로 그러하다는 연구 결과도 있죠. 여러분은 이 두 가지 가능성 중 어느 쪽이 더 타당하다고 생각하나요?

사실 어느 쪽이 타당하냐는 그렇게 중요한 문제가 아니에요. 전자가 좀 더 타당하다면 대부분의 사람은 살면서 다 비슷비슷하게 어려움을 겪는다는 얘기죠. 후자가 좀 더 타당하다면 내가 어려운 형편일수록 앞으로 더 잘될 가능성이 높구나 생각하면 돼요. 그러니까 자신의 처지가 좋지 못하다고 비관할 필요가 없다는 얘기예요.

토끼와 거북이 우화에 나오는 토끼는 원래 빨리 달릴 수 있도록 태어났고, 거북이는 아무리 노력해도 토끼보다 빨리 달릴 수 없다는 선천적인 한계가 있죠. 하지만 토끼는 자신이 앞서 있다고 생각하기 때문에 옆길로 빠지기 쉬워요. 반면, 거북이는 자신의 한계 때문에 한눈팔지 않고, 결국은 결승점에 먼저 도착하게 된다는 거죠. 그러니까 여러분들도 절대로 주눅 들거나 '난 안 돼.' 하고 지레 포기부터 하지 마세요.

책 읽기를 좋아한 외톨이

머스크는 초등학교 때 키가 작았다고 해요. 하지만 지적 능력은 또래보다 뛰어난 편이었어요. 이 두 가지가 합쳐지면 무슨 일이 벌어질까요? 맞아요. 주먹 좀 쓴다는 아이들한테 괴롭힘을 당하게 될 확률이 높죠. 실제로 어렸을 때 머스크는 또래 친구들에게 따돌림을 당했다고 해요.

학교에서 따돌림을 당해도 부모님이 반겨 주는 집으로 돌아가면 다 잊어버리기 마련이죠. 엄마는 내가 잘했건 못했건 언제나 내 편이니까요. 하지만 머스크에겐 따뜻한 가족의 품이 없었어요. 지적이고 조숙했던 그에겐 다른 위안이 필요했어요. 그것은 바로 책이었지요.

실제로 그는 상당한 책벌레였다고 해요. 그가 특히 좋아했던 작

SF와 프로그래밍에 빠지다

가로는 쥘 베른Jules Verne, 로버트 하인라인Robert A. Heinlein, 제이 알 알톨킨J.R.R. Tolkien이 있어요. 이들은 대체 어떤 작가였기에 머스크가 좋아했을까요? 한 명씩 살펴볼게요.

모험심을 키워준 베른

먼저 쥘 베른은 19세기에 활동했던 프랑스 소설가예요. 좋은 집안에서 태어난 베른은 아버지를 이어 변호사가 되기 위한 교육을 받았어요. 하지만 연극을 더 좋아한 베른은 학창 시절부터 연극 공연장을 제집 드나들듯 들락거렸다고 해요. 연극 무대에 올릴 희곡을 쓰면서 큰 희열을 느꼈죠.

베른은 변호사가 된 후에도 소설가하고만 어울렸어요. 베른의 아버지는 아들의 장래에 대해 걱정했지요. 그래서 변호사 사무실에 자리까지 구해주었지만 베른은 이를 거부하고 전업 소설가의 길을 걷기로 결심해요. 다음과 같은 말을 남기면서요.

> "내 직관을 따르는 게 맞지 않겠어? 내가 나중에 어떤 사람이 될
> 지 뻔히 눈에 보여."

그렇게 무모해 보이는 결정을 한 베른은 죽을 때까지 수많은 소설을 썼어요. 특히 '모험소설'이라는 장르를 개척하고 과학소설

장르 발전에 지대한 영향을 끼친 작가로 평가돼요. 그의 대표작으로는 《해저2만리》,《80일간의 세계일주》,《지구 속 여행》,《지구에서 달까지》,《15소년 표류기》 등이 있어요. 그의 소설에는 잠수함이나 비행기가 등장하고, 우주선을 타고 달까지 여행하는 이야기도 나오죠.

당시 전 세계 사람들은 그의 책을 대단히 좋아했어요. 한마디로 베스트셀러 작가가 된 거죠. 유네스코 자료에 따르면, 1979년 이후로 현재까지 그의 작품은 전 세계에서 두 번째로 번역이 많이 됐어요. 추리소설 작가인 애거서 크리스티Agatha Christie만이 유일하게 베른을 앞서고, 영국 문학의 거장 윌리엄 셰익스피어William Shakespeare가 베른 다음으로 꼽힐 정도라고 하니 엄청나죠.

베른이 살던 19세기는 우주선은 고사하고 잠수함이나 비행기도 없던 때였어요. 그래서 베른의 소설이 헛된 공상에 불과하다는 비판도 많았고, 특히 과학자들은 비현실적이라며 노골적으로 비난하기도 했어요. 배가 바다 밑으로 다닌다거나 우주선이 달까지 가는 건 과학적으로 불가능한 일이라고 비판했죠.

그런데 지금 21세기의 현실은 어떤가요? 19세기의 유명 과학자들이 불가능하다고 말한 것들이 거의 다 실현됐어요. 2014년 11월에는 탐사 로봇이 혜성에 착륙하는 데 성공하기도 했죠. 잠수함, 비행기, 우주선 모두가 그것이 불가능하지 않다고 믿었던 엔지니어들이 만든 거예요.

SF와 프로그래밍에 빠지다

쥘 베른 초상
베른은 비행기나 잠수함, 우주선이 만들어지기도 전에 우주,
하늘, 해저 여행에 관한 글을 썼어요.

〈L.ALGERIE〉 잡지 표지
이것은 1884년에 출간된 잡지예요. 베른의 작품 《해저2만리》
에 나올 법한 다양한 바다 생물들과 베른의 모습을 함께 그려
풍자적으로 표현했어요.

쥘 베른 ATV
유럽우주국(ESA)이 개발에 성공한 최초의 무인
우주화물선이에요. 베른의 이름을 그대로 따왔지
요. 2008년 3월 9일에 처음 발사되어 국제우주
정거장에 연료, 물, 공기 등을 공급했어요.

이처럼 엔지니어는 모든 사람이 불가능하다고 여겨도 굴하지 않고 기필코 실현해내는 사람이에요. 머스크가 그동안 이룬 것들을 보면 왜 그가 베른의 소설을 유독 좋아했는지 이해돼요.

엔지니어링을 꿈꾸게 한 하인라인

두 번째 작가인 로버트 하인라인은 머스크의 어린 시절에 활발하게 활동한 미국의 과학소설가예요. 하인라인은 미국 해군사관학교를 졸업하고, 항공모함과 구축함에서 통신장교로 근무했어요. 이후 병에 걸려 전역한 후 대학원에 진학해 수학과 물리학을 공부했지만 몸이 약해 공부를 마치지는 못했어요. 그러다 우연한 기회에 과학소설을 쓰게 됐고, 소설가로 크게 유명해졌지요.

하인라인의 소설만큼 유명한 것이 그가 남긴 명언이에요.

> "모든 건 이론적으로는 불가능하죠, 누군가가 실제로 가능함을 보여주기 전까지만요."
>
> "어떤 사람의 눈에 비치는 마술은 다른 사람에게는 엔지니어링에 불과합니다. 초자연적 현상이라는 말은 아무 가치 없는 말이에요."
>
> "절대로 비관주의자가 되지 마세요. 비관주의자는 낙관주의자보다 자주 옳은 것처럼 보이죠. 하지만 낙관주의자가 더 많은 즐거

움을 누린답니다. 그리고 어쨌거나 둘 다 미래에 벌어질 일을 멈추게 할 수는 없어요."

Science Fiction을 줄여서 SF라고도 부르는, 이 공상과학 소설 분야에서 보통 세 명의 작가를 대표적으로 꼽아요. 《아이로봇》이나 《파운데이션》 같은 작품으로 유명한 아이작 아시모프Isaac Asimov, 《2001 스페이스 오디세이》로 유명한 아서 클라크Arthur C. Clarke, 그리고 나머지 한 명이 바로 로버트 하인라인이에요. 하인라인의 대표작인 《스타십 트루퍼스》는 최근에 영화화되기도 했죠.

하인라인의 소설들은 머스크에게 어떤 영향을 끼쳤을까요? 우주와 외계 세계를 개척하는 꿈을 꾸도록 영감을 주지 않았을까 싶어요. 머스크가 이론이 아닌 실제를 중요시하는 성향이나 역경에 굴하지 않는 낙관적인 태도도 하인라인의 소설이 준 영향일 수 있어요.

세계를 구하는 영웅을 꿈꾸게 한 톨킨

마지막 작가는 영국의 톨킨이에요. 톨킨은 네 살 때부터 영국에서 살았지만 남아공에서 태어났어요. 같은 남아공 태생이라 머스크가 톨킨에게 더 애정을 가졌을지도 모를 일이죠. 톨킨은 여러 대학을 거치며 영국의 고대 문학을 연구했고, 고대 서사시 〈베오

울프〉를 번역하며 유명세를 탔어요.

하지만 그를 진짜로 성공하게 만든 작품은 《반지의 제왕》, 《호빗》 등의 판타지 소설이에요. 이 작품들이 영화화되면서 더욱 유명해졌죠. 그의 소설에는 희생을 감수하고 갖은 시련을 겪고 나면 참된 지혜와 용기를 가지게 된다는 주제 의식이 흐르고 있어요.

톨킨의 작품 속 주인공들은 그저 능력이 출중한 영웅과는 거리가 멀어요. 자신에게 주어진 임무를 회피하지 않고 죽을 각오로 자신의 운명을 받아들이는 평범한 사람이죠. 그렇지만 우여곡절 모험을 겪으면서 모두가 우러러보는 진정한 영웅으로 성장해요.

머스크가 어렸을 때 이런 영웅 이야기를 보며 무슨 생각을 했을까요? 아마 자기도 톨킨의 판타지 소설에 나오는 주인공 같은 사람이 되어야겠다고 결심하지 않았을까요? 평범하지만 희생과 시련을 감수함으로써 세상을 구하는 사람이 되겠다고 말이죠.

게임 프로그래머가
되다

"어떤 질문을 던져야 하는지
더 잘 알려면 생각의 범위를
넓혀야 한다는 결론에 도달했어요."

엘론 머스크

학교에서도 가정에서도 외톨이였던 머스크가 빠져 있었던 것은 공상과학
소설만이 아니었어요. 열한 살에 처음으로 배운 프로그래밍 또한 그를 매
료시켰죠. 얼마나 프로그래밍에 몰두했는지 공부를 시작한 지 2년 만에,
자기 손으로 직접 게임을 만들었답니다. 게임을 만들면서 그는 엔지니어
로서 갖춰야 할 '끈기'라는 자산을 가질 수 있었어요. 머스크처럼 논리적
으로 사고하는 것과 컴퓨터에 관심 있는 친구라면, 프로그래밍에 꼭 한번
도전해보세요.

열한 살에 처음 배운 프로그래밍

공상과학 소설과 판타지 소설을 읽는 것 외에 소년 머스크에게 안식처와 같던 일이 한 가지 더 있었어요. 그건 바로 프로그래밍 Programming이에요.

프로그래밍이란, 컴퓨터에서 작동되는 프로그램을 만드는 일이에요. 여러분 중에 '우와, 그렇게 어려운 일을 어떻게 해?'라고 생각하는 친구들도 있을 것 같아요. 물론 처음부터 컴퓨터를 자유자재로 다룰 수 있는 사람은 없어요. 하지만 차근차근 단계를 밟아나가다 보면 어느새 몸의 일부가 된 것처럼 느껴지는 게 바로 프로그래밍이랍니다.

저는 대학교 1학년 때 프로그래밍을 처음 배웠어요. 정말 간단한 작업도 그때는 쩔쩔매곤 했죠. 간단한 덧셈을 하는 여덟 줄짜리 프로그램 하나 짜느라고 고생하다가 결국 원하는 결과를 얻곤 뛸 듯이 기뻐했던 게 아직도 기억이 생생해요. 그 후론 '아, 프로그래밍은 결국 논리적으로 뭔가를 처리하는 것에 다름 아니구나.' 생각하며 프로그램과 좀 더 친숙해졌죠. 수학을 잘하는 사람과 못하는 사람 사이에 큰 차이가 있는 것처럼, 프로그래밍 혹은 프로그래밍을 할 수 있는 사람과 할 수 없는 사람 사이에는 큰 차이가 있어요.

머스크는 열한 살 때 처음 프로그래밍을 시작했다고 해요. 부모

SF와 프로그래밍에 빠지다

가 이혼한 다음 해였죠. 아마도 프로그래밍에 대한 책 한두 권을 사서 그대로 따라 해보는 걸로 시작했을 거예요.

프로그래밍을 배우는 건 언어를 배우는 것과 꽤 비슷해요. 처음엔 당연히 어색하고 잘 안 되죠. 외울 것도 너무 많아 보이고요. 하지만 가장 간단한 것부터 따라 하고 반복하다 보면 어느새 자연스러워져요.

몰입과 끈기로 만들어낸 게임

머스크는 프로그래밍에 꽤 몰두했던 것 같아요. 열세 살에 이미 직접 만든 게임 프로그램을 한 컴퓨터 잡지에 팔았다는 기록이 있는 걸 보면 말이죠. '블라스타'라는, 우주선이 외계를 탐험하면서 외계 우주선과 전투를 벌이는 게임이었어요. 이걸 팔아 우리 돈으로 50만 원쯤 받았다고 전해요. 그게 1980년대 초반 이야기니까, 지금이라면 훨씬 더 많이 받았겠죠.

2015년부터 우리나라에서 소프트웨어 교육을 의무화한다고 해요. 2018년에는 모든 초·중·고등학교에서 정식 교과목이 되고요. 우리보다 한발 앞서가는 나라도 있어요. 바로 영국이죠. 2014년 9월부터 영국의 초등학교 1학년부터 중학교 졸업반까지 학생들은 프로그래밍 수업을 정규 과목으로 들어야 해요. 단순히 컴퓨터를 사용할 줄 아는 수준을 넘어서 직접 프로그램을 만들고 실행해보는 데 교육 목표를 두고 있지요.

　원래 영국의 의무 교육 과목은 영어, 수학, 과학, 스포츠 이 네 가지였어요. 네 분야의 지식과 활동이 국민에게 반드시 필요하다고 영국 정부가 생각했기 때문이겠죠. 이제는 여기에 프로그래밍이 더해져 다섯 과목이 되었어요. 프로그래밍을 그만큼 중요하게 생각한다는 거죠.

　프로그래밍을 모든 사람이 다 할 필요 있느냐고 불평하는 사람들도 있긴 해요. 프로그래밍을 직업으로 하는 프로그래머들만 하면 되지 않느냐는 거죠. 그런데 프로그래밍을 직접 해보면 두 가지를 깨닫게 돼요. 하나는 논리적으로 사고하는 습관이 저절로 길러진다는 점이에요. 엉성한 논리와 규칙에 맞지 않는 컴퓨터 프로그램은 실행조차 안 되는 경우가 많아요. 에러가 남아 있는 프로그램 때문에 큰 사고가 나기도 하죠. 이러한 문제를 해결하려고 노력하다 보면 자기도 모르게 사고력이 좋아져요.

　다른 하나는 실용적으로 생각하게 된다는 거예요. 컴퓨터 프로그램은 유용한 목적을 위해 만들어져요. 입으로만 옳고 그름을 따지고 막상 힘든 일은 남들에게 시키려 드는 사람이 많으면 사회가 잘 돌아가기 어려운데, 프로그래밍을 하다 보면 그런 고약한 마음을 갖기 어렵죠.

　모든 일이 마찬가지지만 엔지니어는 특히 몰입을 잘해야 해요. 뭔가에 집중하여 끝까지 가보겠다는 끈기는 엔지니어를 꿈꾸는 사람에겐 꼭 필요하지요. 몰입을 잘하는 사람은 나중에 자신이 선택한 분야에서 크게 성공하는 경우가 무척 많아요. 머스크도 2년 만에 프로그래밍에 통달하여 초등학교 6학년 때 이미 상업적으로 팔릴 만한 게임 소프트웨어를 만들었잖아요. 여러분도 마음먹기에 따라서 머스크 못지않은 프로그래밍 실력을 가질 수 있음을 기억하세요.

그리고 한 가지 더. 몇 살 때 뭐 했다는 건 사실 그렇게 큰 의미가 없어요. 빠른 사람도 있고 느린 사람도 있으니까요. 그러니까 여러분이 지금 중학생이나 고등학생이라고 해서, '아, 이미 난 늦어버렸어!'라며 한탄하지 말길 바라요. 20년 뒤, 30년 뒤, 50년 뒤에 어떤 사람이 되어 있는가가 중요하지, 열다섯 살에 남들보다 수학 점수 몇 점 더 높았는지는 중요하지 않답니다.

아메리칸 드림을 이루다

"어느 누가 그 많은 돈을 벌고 번 돈 전부 새로운 사업에
투자할 수 있겠어요? 제가 유튜브 매각으로 돈을 벌었지만
저는 계속 미디어 사업을 할 거예요. 엘론 머스크처럼
새로운 분야에 그렇게 자신의 모든 것을 계속적으로
던지는 사람은 본 적이 없어요."

유튜브You Tube 창업자 스티브 첸

어렸을 때부터 공상과학 소설과 컴퓨터에 관심이 많았던 머스크는 미국으
로 가고 싶어 했어요. 인종이나 태생에 대한 편견 없이 혁신적으로 사고하
는 사람들이 모여 과학과 기술을 활용해 새로운 것을 창조해내는 나라에
가고 싶었던 거죠. 하지만 머스크는 미국으로 바로 가지 않고 먼저 캐나다
로 향했어요. 머스크는 왜 그런 선택을 했을까요?

SF와 프로그래밍에 빠지다

선택의 기로에 서다

머스크는 부모의 이혼 이후 고등학교를 졸업할 때까지 총 일곱 곳의 학교를 거칠 정도로 전학을 많이 다녔어요. 아버지의 직장이 바뀔 때마다 전학을 가야 했죠. 그렇다보니 친구를 사귀는 데 어려움이 컸다고 해요. 이런 환경 속에서 머스크는 미국으로 가기를 꿈꿨어요. 자신처럼 똑똑하고 혁신적인 생각을 하는 사람들이 모여드는 곳에서 자신의 꿈을 마음껏 펼쳐보고 싶었지요.

그런데 머스크가 미국으로 가기엔 한 가지 문제가 있었어요. 당시 남아공은 지금의 우리나라와 마찬가지로 징병제를 실시하는 나라였어요. 그때는 인종분리 정책이 한창이던 시기라 군대에 징집되는 건 머스크 같은 백인들뿐이었지요. 인구의 80%에 달하는 흑인과 소수의 유색인은 원칙적으로는 제외되었고, 특수한 경우에 한해 일부 자원자만 군대에 복무할 수 있었어요. 군대에 가면 주로 국내의 인종분리 정책을 감독하는 일을 했지요.

머스크는 고민했어요. 남아공에 있는 대학에 진학하면 군대를 가야 했고, 흑인들을 억압하는 일을 해야 했어요. 하지만 그렇게 시간을 보내고 싶진 않았죠. 결국 그는 인생의 큰 결정을 내리게 되었어요. 바로, 외가 친척들이 있는 캐나다로 이민을 가기로 결심한 거예요.

꿈이 이끈 캐나다로의 이민

결국 1988년 고등학교를 졸업하자마자 캐나다로 건너갔어요. 캐나다 국적을 획득한 건 이로부터 거의 1년 뒤인 1989년 6월이었어요. 부모님과 상의도 하지 않고 혼자 결정한 일이었다니, 용기와 결단력이 대단하죠.

머스크의 입장이 되어보지 않고서 그의 결정에 대해 왈가왈부하는 건 부질없는 일인지도 몰라요. 하지만 일반적인 기준으로 보면, 머스크가 자신에게 주어진 의무를 회피하고 도망쳤다는 비판을 면하기 어려워요. 머스크가 엔지니어의 롤모델이 될지는 몰라도, 남아공의 관점에서 보면 병역을 기피한 이민자에 불과하거든요. 하지만 그것 자체가 불법은 아니니 이를 더 얘기할 필요는 없을 것 같아요.

머스크가 원래 가고 싶었던 나라는 미국이었는데 그는 왜 미국 국적이 아닌 캐나다 국적을 취득했을까요? 그건 현실적인 이유 때문이었어요. 당시 남아공에 대한 국제 사회의 이미지는 매우 좋지 않았어요. 미국에서 남아공은 특히 더 부정적인 국가 이미지가 강했어요. 미국 사회에선 인종을 차별하는 행위를 용인하지 않기 때문이에요.

지금도 간혹 미국 내에서 아프리카계 미국인과 유럽계 미국인 그리고 아시아계 미국인 사이에 충돌이 벌어지곤 해요. 2014년에는 백인 경찰이 무기를 소지하지 않은 흑인 시민을 사살한 것에 반대하는 대규모 시위가 미국 전역에서 일어나기도 했죠. 이런 뉴스만을 접하면 미국의 인종차별이 매우 심각하다고 생각할 수 있어요. 그렇지만 다른 나라들에 비하면 미국은 덜한 편이죠. 무엇보다 미국에서는 인종차별은 나쁘다는 공감대가 형성되어 있고, 이를 없애려는 사회적 노력이 항상 있어 왔어요. '인종차별은 당연하다'는 생각을 공적이건 사적이건 드러냈다간 '정치적으로 옳지 못하다'는 평가를 받고 사회적으로 매장되거든요.

　그렇기 때문에 미국 정부는 특히 남아공 국적의 이민 지원자에게 까다로운 입장을 보였어요. 남아공 국민 모두가 인종분리 정책에 동조하는 건 아니었지만 그걸 일일이 가리기가 쉽지 않으니까요. 머스크는 스스로 이렇게 생각했다고 해요. '미국으로 직접 이민 신청을 하면 아마 통과되지 않을 것 같아. 그렇다고 내 꿈을 포기할 수는 없지. 우선 캐나다 국적을 얻고 충분한 시간이 지난 다음에 미국으로 건너가야겠어.'

　당장 눈앞에 어려움이 있으면 지레 포기하는 경우가 많죠. 그런데 머스크는 그렇지 않았어요. 길게 내다보고 차선책을 택한 거예요. 사실 캐나다로 건너갔다고 해서 나중에 다시 미국으로 갈 수 있게 되리라는 보장은 전혀 없었어요. 마음이 조급하고 불안해서 아예 아무런 결정을 못 내릴 수도 있었죠. 하지만, 머스크는 어린 나이답지 않게 심지가 굳은 모습을 보여줬어요.

그게 어떻게 가능했을까요? 머스크의 궁극적인 목표가 단지 미국에서 사는 것뿐이라면 그럴 수 있었을까요? 그 이후의 삶을 보면, 머스크는 그보다 훨씬 큰 꿈을 가졌던 것으로 짐작돼요. 꿈은 눈앞의 난관을 대수롭지 않은 것으로 보게 만드는 힘이 있거든요.

미국에서의 대학생활

머스크에 대한 기록을 보면 캐나다로 건너간 직후의 얘기가 분명치 않아요. 일부 책들은 서로 상충되는 얘기를 하고요. 그러다 1990년에 온타리오주에 있는 퀸스대학교에 입학했어요. 퀸스대학교는 캐나다에서 좋은 학교 중 하나로 꼽히는 대학이에요.

머스크의 대학 생활이 쉽진 않았어요. 아버지와 어머니로부터 아무런 경제적 도움도 받지 않았기 때문에 학비와 생활비를 스스로 벌어야 했죠. 기록에 따르면 그는 방과 후에 사촌의 농장에서 일을 하거나 제재소의 보일러를 청소하는 일을 했다고 해요.

미국이나 캐나다에서 학비와 생활비를 스스로 마련하는 건 그렇게 특별한 일은 아니에요. 오히려 당연하게 여기죠. 부모가 학비와 생활비를 모두 대주는 게 오히려 예외적인 경우예요.

퀸스대학교에서 2년 간 경영학 공부를 하던 머스크는 1992년, 드디어 오래도록 꿈에 그리던 미국으로 입성해요. 미국 펜실베니아주에 있는 펜실베니아대학교로 편입한 거예요. 비즈니스스쿨

SF와 프로그래밍에 빠지다

로 유명한 펜실베이아대학교는 통상 아이비리그라고 부르는 미국 동부의 여덟 개 사립대학교 중 하나죠. 그 말은 등록금이 무척 비싸다는 뜻이기도 해요. 머스크는 펜실베이아대학교로부터 장학금을 받는 조건으로 학교를 옮겼어요. 장학금을 받지 못했다면 옮기지 못했으리라 짐작해요.

보통 아이비리그라고 하면 미국에서 제일 좋은 대학교라고 생각을 하죠? 좀 더 엄밀하게는 미국에서 가장 오래된 학교라는 표현이 더 정확해요. 이 말은 미국이 독립하기 전 영국의 식민지로 있던 시절에 생겼다는 뜻이에요. 아이비리그는 설립된 순서대로, 하버드대, 예일대, 펜실베이아대, 프린스턴대, 컬럼비아대, 브라운대, 다트머스대, 그리고 코넬대 등 8개 대학교를 가리켜요. 이 중 코넬대는 1776년의 미국 독립보다 한참 후인 1865년에 생겨서 성격이 다른 학교들과는 좀 다르죠.

머스크는 펜실베이아대학교의 비즈니스스쿨인 와튼스쿨에서 1994년에 경제학 학사 학위를 받아요. 와튼스쿨은 미국 대학에서 굉장히 특별한 존재예요. 왜냐하면, 미국에서 경영학은 거의 대부분 대학원 과정에서 배우거든요. 학부에서 경영학을 가르치는 경우는 극히 드물어요. 정말 몇 안 되는 예외 대학 중의 한 곳이 바로 와튼스쿨이지요.

요즘 우리나라에서 경영학부 졸업생들이 취업하기가 굉장히 어려워졌다는 기사들을 볼 수 있어요. 회사들이 잘 뽑으려 하지 않기 때문이에요. 한 10년 전쯤을 생각해보면 참 격세지감이라는 말이 절로 나와요. 그때는 학교 성적이 좋은 학생들이 경영학과 아니면 의대로만 진학하려고 했거든요. 그런데 회사 입장에서 뽑아 놓고 보니 별로 쓸모가 없다는 것을 깨달은 거예요. 공대를 졸업한 사람들이 경영 관련 지식을 갖춘 경우와 비교해서 더 나을 것도 없고요. 오히려 공대를 졸업한 엔지니어들은 산업 자체를 훨씬 깊숙하게 이해하기 때문에 장기적으로 보면 이 편이 낫죠. 미국의 대학교와 회사들이 바로 이런 판단을 한 거예요. 우리나라는 언제 이렇게 바뀔 수 있을까 답답했는데, 요즘 그런 변화가 느껴져서 역시 미래는 우리의 예측을 늘 뛰어넘는다는 생각을 다시금 하게 돼요.

여기서 잠깐

미국 대학에 경영학과가 없는 이유는?

미국에서 경영학을 일반적으로 학부에서 가르치지 않는 이유는 단순해요. 학생들에게 도움이 되지 않는다고 생각하기 때문이죠. 사실, 경영에 필요한 지식이나 기술이 따로 존재하느냐에 대해 적지 않은 의문이 제기되고 있어요. 혹시 그런 것이 있다고 하더라도 학교에서 가르칠 수 있겠느냐는 회의적인 시각도 있고요.

'경영'이라고 하는 행위는 결국 하나의 회사나 조직을 운영하는 것인데, 그러려면 그 회사가 영위하는 비즈니스를 충분히 잘 이해할 수 있어야겠죠. 그러니까 미국에서는 학부 때 공학이나 자연과학 혹은 경제학 같은 분야를 택해서 공부하고, 그런 후 회사 생활을 최소 몇 년간 하다가 다시 경영학 공부를 하러 비즈니스스쿨에 가요.

SF와 프로그래밍에 빠지다

응용물리학을 만나다

여러분, 혹시 '머스크가 와튼스쿨을 졸업했는데 어떻게 엔지니어가 될 수 있었지?'라는 생각을 하진 않았나요? 그 비밀은 바로 여기에 숨어 있어요.

머스크는 와튼스쿨을 졸업한 후 다시 1년 동안 펜실베니아대학교에서 물리학 학사 과정을 추가로 밟았어요. 한마디로 복수 전공으로 경제학과 물리학을 둘 다 공부한 거죠. 왜 그랬을까요? 두 학문 모두가 자신에게 필요하다고 생각했기 때문이에요. 자세한 내용은 뒤에 나오겠지만 머스크는 자신의 꿈을 이루기 위해 학부 때부터 차곡차곡 준비해갔던 거예요.

머스크는 물리학 학부 과정을 마치면서 물리학과 공학을 더 공부하기로 결심했어요. 그래서 지원한 학교 중에 박사 과정 입학 허가를 내준 학교로 가게 되었죠. 그 학교가 바로 미국 서부 캘리포니아주에 있는 스탠포드대학교였어요. 이 학교에는 두 개의 물리학과가 있어요. 하나는 그냥 물리학과고 다른 하나는 응용물리학과예요. 머스크는 어느 쪽을 더 공부하고 싶어 했을까요?

두 말할 나위 없이 응용물리학이었죠. 물리 이론이 이론을 위해 존재하면 이론물리학이 되고, 실제 생활에 응용할 것을 염두에 두고 물리 이론을 다루면 응용물리학이 돼요. 세상의 문제를 해결하고 싶은 머스크가 응용물리학을 택한 건 너무나 당연한 결정이기도 했어요. 당시 그가 영감을 얻었던 인물은 니콜라 테슬라Nikola Tesla와 토마스 에디슨Thomas Alva Edison이었어요. 둘은 서로가 둘째가라면 서러울 정도로 뛰어난 발명가이자 엔지니어였죠. 그렇게 머스크는 스탠포드대의 응용물리학과 박사 과정에 진학하게 되었답니다. 응용물리학 내의 세부 전공으로는 재료과학을 택했고요.

분명한 것은 머스크가 1995년 가을 스탠포드대학교 응용물리학 박사 과정에 입학한 지 단 이틀 만에 학교를 그만뒀다는 사실이에요. 그게 무슨 이유였는지 또한 확실하지 않아요. '박사 과정에서 배울 수 있는 게 별 게 없겠다'고 생각했을 수도 있고, 한편으로는 '공부 따라가기가 쉽지 않겠다'고 생각했을 수도 있죠. 공식적으로는 회사를 차려 운영에 전념하기 위해서라고 했어요. 이 세 가지 이유가 조금씩 다 작용해서 그런 결정을 했을 수도 있겠죠.

이즈음에 그가 무슨 생각을 하고 있었는지 엿볼 수 있는 얘기가 하나 있어요. 당시에 했던 말은 아니고 나중에 머스크가 과거를 회상하면서 한 말이에요.

"나는 그때 세 분야 중 하나에서 일하기를 원했습니다. 왜냐하면
그 분야들이 중요하다고 생각했기 때문이죠. 하나가 인터넷이고,
다른 하나가 청정에너지고, 나머지 하나가 우주였어요."

결국 머스크는 그때 언급한 세 분야 모두에 손을 뻗게 돼요. 이

미국 대학원 제도에 대해서

우리나라에서 너무나 당연하다는 듯이 얘기하는 미국의 대학 순위는 사실 학부 순위 예요. 그런데 미국에서 학부만 졸업해서 좋은 직장을 구하기란 쉽지 않아요. 사람들 이 선망하는 자리는 대부분 최소한 대학원 과정을 필수적으로 거쳐야 해요. 통상적 으로 프로페셔널스쿨이라고 부르는, 메디컬스쿨, 로스쿨, 비즈니스스쿨이 대표적이 에요. 이들 대학원들은 각각 의사, 변호사, 중간관리자가 되기 위한 전문적인 교육을 담당하죠. 한편, 분야별로 석사, 박사 학위를 수여하는 일반 대학원이 있어요. 미국 에서 정말로 의미 있는 학교 순위는 바로 이 일반 대학원 순위와 프로페셔널스쿨 순 위예요.

이 중 응용물리학과 같은 일반 대학원들은 입학 허가를 내줄 때 우리나라처럼 모두 졸업시키겠다는 생각을 하지 않아요. 학점이나 다른 지원 서류만으로는 대략적인 가 능성만을 평가할 수 있을 뿐, 엄밀하게 누가 누구보다 더 낫고 못하고를 얘기할 수 있다고 생각하지 않죠. 그러다보니, 대강 어느 정도 이상 된다 싶으면 우선 입학 허 가를 해줘요. 그러니까 입학하기가 어떤 면으론 좀 쉽다고 볼 수도 있어요.

대신 졸업하기가 무척 어려워요. 한번 입학하면 큰 사고 치지 않는 한 거의 졸업이 보장되는 우리나라 대학교들과 다르죠. 학교마다 그리고 과정마다 차이가 있지만 대 략 두 번에서 세 번 정도의 시험을 통해 부적격자를 걸러내요. 캘리포니아 버클리대 학교 같은 경우, 세 번의 과정을 통과해야 했어요. 각각의 과정마다 대략 3분의 1정 도의 사람들이 불합격해요.

각 과정은 두 번까지 응시할 기회를 주고요. 첫 번째 과정을 예비시험이라고 부르는 데, 만약 이 예비시험을 두 번 만에 붙지 못하면 그때는 학교를 떠나야 해요. 더 다 녀봐야 학위를 받을 방법이 없기 때문에 다른 학교에 지원해서 처음부터 시작해야 하는 거죠. 그걸 감안하면, 처음에 입학한 사람 중에 소수만이 학위 과정을 마칠 수 있어요.

중에서 가장 먼저 손댄 분야는 당시에 촉망받던 인터넷 분야였어요.

머스크, 억만장자가 되다

머스크는 박사 과정을 그만두고 2000년대 초반까지 두 개의 인터넷 회사를 설립해서 엄청난 재산을 모아요. 이 과정이 그의 이력에서 중요하지 않은 건 아니에요. 그가 본격적인 꿈을 펼치는 데에 이때 벌었던 돈이 결정적인 역할을 하니까요.

머스크가 설립한 최초의 회사는 1995년에 동생 킴벌과 함께 만든 집2Zip2라는 인터넷 회사예요. 이때만 해도 인터넷은 지적 호기심을 불러일으키는 대상이지, 가까운 장래에 엄청난 돈이 될 거라고 아무도 생각하지 못했죠. 이 회사의 비즈니스 모델Business Model●은 인터넷에 유용한 정보를 제공하는 지역 포털 서비스였어요. 나중에 머스크는 뉴욕타임스NewYorkTimes와 시카고트리뷴Chicago Tribune 같은 주요 신문사와 계약을 따내는 데 성공했지요.

이후 인터넷 회사에 대한 전망이 최고조에 달하던 1999년 일본의 컴퓨터 회사 컴팩Compaq의 사업부가 된 알타비스타Altavista는 이

● **비즈니스 모델** 제품이나 서비스를 어떻게 소비자에게 제공하고, 어떻게 마케팅하며, 어떻게 돈을 벌 것인가에 대한 계획 또는 사업 아이디어를 말해요.

집2를 총 3,500억 원 정도에 인수하기로 결정해요. 그 결과 이 회사 주식의 약 7%를 보유하고 있던 머스크는 약 230억 원을 현금으로 받았어요. 머스크가 스물아홉 살 때의 일이었죠.

1999년 집2를 팔자마자 머스크는 새로운 회사를 시작했어요. 이 회사의 이름은 엑스닷컴X.com이죠. 인터넷상에서 돈을 지급하고 결제할 수 있는 플랫폼을 제공하는 걸 비즈니스 모델로 했고요. 그런데 엑스닷컴과 거의 같은 비즈니스 모델을 갖고 있던 한 회사가 있었으니, 컨피니티Confinty라는 회사였어요. 두 회사는 처음엔 서로 잠깐 경쟁했어요.

하지만 2000년에 창업자들이 서로의 진가를 알아보고선 차라리 회사를 합치자는 결정을 내려요. 그 뒤론 폭발적으로 성장했지요. 이것이 그 유명한 페이팔Paypal이라는 회사가 탄생하게 된 배경이죠.

2002년 페이팔은 온라인 전자상거래 기업의 거물인 이베이eBay에 인수돼요. 이때 지불된 주식의 가치는 거의 1조 6천억 원에 달해요. 페이팔 주식의 11.7%를 보유했던 최대주주 머스크는 이로써 천7백억 원에 달하는 재산을 새로 얻게 됐어요. 머스크의 개인 재산이 2천억 원으로 불어난 거지요.

이 정도의 재산이 생기면 사람들은 보통 더 이상 새로운 일에 도전하지 않아요. 벌어둔 돈을 흥청망청 쓰면서 시간을 보내거나 개인적인 취미 활동을 하면서 소일하죠. 그런데 머스크는 그렇지

페이팔의 공동창업자인 피터 씨엘과 엘론 머스크

피터 씨엘이 공동창업자 맥스 레브친Max Levchin과 1998년 12월에 세운 기업용 보안업체 컨피니티는 2000년 엘론 머스크가 설립한 엑스닷컴과 합병하면서 이름을 '페이팔'로 변경했어요.

않았어요. 왜냐하면 그에게는 커다란 꿈이 있었기 때문이에요.
이제부터 본격적으로 머스크의 거대한 꿈 이야기를 시작할게요.
기대해도 좋아요!

머스크가 들려주는 프로그래밍 이야기

프로그래밍은 컴퓨터에서 작동하는 프로그램이나 코드를 만드는 작업을 말해
요. 컴퓨터 프로그램 혹은 코드는 하드웨어적인 장치가 아니라 소프트웨어적
인 일련의 명령문 집합으로, 논리적이고 빈틈 없는 사고력과 창의적이면서 자
유로운 영감에 기반해요. 흔히 프로그래밍을 하는 프로그래머와 해커, 소프트
웨어 엔지니어를 굉장히 딱딱하고 지루한 사람이라고 착각하는 경우가 많은
데, 오히려 예술가적인 기질이 강한 사람이 많아요. 어떤 면으론 프로그래머를
소설을 쓰는 작가나 그림을 그리는 화가에 비견할 만하죠.

프로그램은 컴퓨터에서 작동되는 것이기 때문에, 컴퓨터의 역사와 궤를 같이
해요. 즉, 컴퓨터가 만들어진 후 프로그래밍이라는 작업이 생겨난 거지요. 세
계 최초의 프로그램은 19세기 중반에 만들어졌어요. 영국의 수학자인 아다 러
블리스Ada Lovelace가 쓴 알고리즘이 최초의 프로그램이라고 해요. 기계 엔지니
어이자 수학자인 찰스 배비지Charles Babbage가 만든 분석 엔진Analytical Engine이
라는 컴퓨터에 쓸 알고리즘을 러블리스가 만들었어요.

20세기 중반 전기 방식의 컴퓨터가 개발되면서 컴퓨터의 성능은 급속도로 발
전해요. 컴퓨터는 처음부터 특정한 몇 가지 동작만을 염두에 두고 만들어진
게 아니라, 사용자가 원하는 다양한 작업이 행해질 수 있도록 설계되었어요.
그 말은 프로그래밍의 중요성이 더욱 커졌다는 의미예요. 왜냐하면 프로그래
밍은 사용자가 원하는 작업을 구체적으로 컴퓨터에게 지시하는 과정이기 때

SF와 프로그래밍에 빠지다

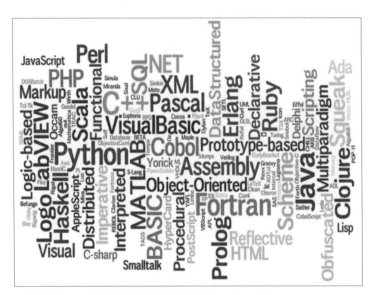

수많은 프로그래밍 언어

문이지요.

프로그래밍을 하려면 우선 컴퓨터가 이해할 수 있는 언어를 배워야 해요. 이를 컴퓨터 언어라고 해요. 그런데 막상 프로그래밍을 배워야겠다고 생각해도 셀 수 없을 만큼 많은 종류의 언어가 있어서 엄두가 나지 않는 면이 있어요. 처음 부터 모든 언어를 동시에 잘할 수는 없듯이, 컴퓨터 언어도 마찬가지예요. 우 선 하나의 컴퓨터 언어를 정해서 그걸 열심히 연습하면 좋을 것 같아요. 그러 다가, 어느 정도 익숙해지고 나면 생각보다 굉장히 쉽게 다른 언어들도 익힐 수 있게 돼요.

엔지니어링 안에는 다양한 분야가 있지만, 나중에 창업을 염두에 둔다든지 혹 은 큰돈을 벌어 보고 싶다면 프로그래밍을 열심히 익히는 게 좋을 거예요. 프로그래밍은 본인이 열심히 하기만 한다면 한두 명만으로도 회사를 설립하고 성장시킬 수 있어요. 그에 비해 다른 엔지니어링 분야는 고가의 장치와 설비를 필요로 하기 때문에 개인이 하기엔 아무래도 제약이 많아요. 머스크도 IT가 아닌 다른 분야에서 먼저 회사를 세우려 했다면 지금의 머스크가 되지 못했을 가능성이 커요. 우리나라의 경우도 마찬가지예요. 우리나라에서 1980년대 이후로 엔지니어링 분야에서 큰 회사를 일구어낸 사람은 거의 예외 없이 프로그래밍 실력을 바탕으로 IT 회사 또는 게임 회사를 만든 사람들이에요.

가장 섹시한
전기자동차를
만들 거야

티제로에
매료되다

"페이팔 사업을 거치면서
'어떤 것이 인류의 미래에 영향을 미칠 것인가'를
많이 생각했다. '어떻게 돈을 벌것인가'도 의미 있지만
'내가 어떻게 생각하느냐'가 인간의 미래에
지대한 영향을 미칠 것이다."

캘리포니아 공과대학 졸업식에서 엘론 머스크

대학 시절 머스크는 온실가스와 지구 환경에 관심이 많았어요. 더 이상 환경을 파괴하지 않으려면, 내연기관자동차를 점차 전기자동차로 바꿔야 한다고 생각했죠. 그러던 어느 날 '티제로'라는 전기자동차를 타보게 돼요. 그는 이 차에 홀딱 반해버렸죠. 머스크와 티제로의 만남. 그 이후로 어떤 일이 벌어졌을까요? 지금부터 그 흥미진진한 이야기를 들어 보세요.

전기모터를 사랑한 남자들

머스크가 관심을 가진 분야는 인터넷, 청정에너지, 우주. 이렇게 세 가지였어요. 머스크는 자신이 설립한 두 개의 인터넷 회사를 통해 천문학적인 금액의 재산을 마련하자, 그의 눈은 청정에너지로 향했지요. 그러다 2003년에 우연한 기회에 제프리 스트라우벨Jeffrey Straubel이라는 사람을 만나게 돼요.

제프리 스트라우벨은 머스크보다 네 살 어린 엔지니어였어요. 스탠포드대학교 물리학과 학부로 입학한 그는 어렸을 때부터 전기모터를 장난감처럼 갖고 놀 정도로 전기기계 장치에 관심이 컸어요. 고등학생 때에는 전동 골프카트를 개조해 성능을 높이는 일에 몰두하기도 했죠. 전기모터를 더 잘 알고 싶어서 물리학과에 입학했는데, 막상 대학에서는 너무 이론만 다뤄서 실망했어요.

잠시 방황한 후에 그는 에너지시스템공학과로 전과를 해요. 그제야 자신이 관심 있는 전기기계 장치를 다루는 데 필요한 전기공학, 기계공학, 물리학 등의 과목을 원하는 대로 들을 수 있게 된 거죠. 학부와 석사과정까지 마치면서 그는 전기자전거를 직접 설계하고 제작해보기도 하고, 스포츠카 포르쉐의 가장 저렴한 모델인 944를 전기자동차로 개조하는 일을 하기도 해요.

서로 관심 분야가 같은 걸 알게 되자 머스크와 스트라우벨은 의기투합해요. 머스크가 원래 응용물리학 박사 과정에 들어갈 때 연구하던 분야가 바로 전기자동차를 구동시킬 정도로 용량이 큰 초고용량 축전기＊를 만드는 일이었거든요.

전기자동차에 홀딱 빠지다

머스크와 스트라우벨이 동시에 관심을 둔 전기자동차 시제품＊＊이 있었어요. 전기자동차 설계를 주로 하는 AC 프로펄션AC Propulsion이라는 회사가 내놓은 티제로tzero였어요. AC 프로펄션은 1992년에 설립된 미국 회사로 설계와 시제품 생산을 주로 하고, 대량생산은 하지 않는 소규모 회사였어요.

티제로는 납축전지를 동력원으로 201마력＊＊＊에 달하는 출력을 낼 수 있었죠. 보통 자동차가 얼마나 빨리 가속될 수 있는지는 제로백을 기준으로 판단해요. 제로백이란, 정지 상태에서 출발해서 시속 100㎞의 속도에 도달할 때까지 걸리는 시간을 의미하죠. 즉, 속도가 0km/h에서 100km/h가 될 때까지의 시간이에요. 티제로는 제로백이 4.7초였어요. 승용차인 BMW 528i는 6.3초, 현대자동차의 제네시스는 공식 데이터는 없지만 6초대 후반으로 얘기되고 있으니 티제로가 무척 빠르다고 볼 수 있죠.

＊ **축전기** 전기에너지를 저장해 놓기 위한 장치로, 보통 전지 혹은 배터리라고 부르기도 하는 장치예요.
＊＊ **시제품** 완전한 제품을 출시하기 전에 시험 삼아 만들어 본 제품을 말해요.
＊＊＊ **마력** 말이 내는 힘. 201마력은 201마리의 말이 한꺼번에 내는 힘을 뜻해요.

엘론 머스크가 첫눈에 반한 전기 스포츠카, 티제로

이 자동차는 AC 프로펄전이 1997년에 내놓은 차예요. 당시에 이 제품은
100km를 단 4.7초 만에 가속할 수 있는 우수한 성능으로 큰 화제를 모았어요.

티제로를 양산합시다!

머스크와 스트라우벨이 티제로에 관심을 보이던 때, 다른 한 그룹의 엔지니어도 티제로에 지대한 관심을 가졌어요. 1960년에 캘리포니아주 버클리에서 태어나 자란 마틴 에버하드Martin Eberhard가 그중 한 명이었죠. 그는 일리노이 어바나샴페인대학교에서 컴퓨터공학으로 학사를, 같은 학교에서 전기공학으로 석사를 마치고 엔지니어로 일하다 두 개의 회사를 창업한 사람이었어요. 그는 특히 석유에 의존하지 않는 전기자동차의 열성적인 지지자였죠.

티제로를 시승하고 난 후 에버하드는 이 차의 고성능과 가능성에 완전히 매료되었어요. 그래서 당시 AC 프로펄션 사장에게 티제로를 양산하자고 제안했지요. 양산이란, 조립라인을 갖춘 공장을 크게 짓고 거기서 대량으로 생산하는 걸 의미해요. 양산해야 더 많은 사람이 더 싼 가격에 이 매력적인 전기자동차를 탈 수 있게 되는 것이죠. 하지만 AC 프로펄션 사장은 거절했어요.

여러분, 최초의 시제품을 만드는 것과 공장에서 대량생산되는 양산 제품을 만드는 것 중 어느 것이 더 어렵고 가치 있다고 생각하나요? 최초의 시제품을 만드는 쪽이 더 의미 있다고요? 그게 더 멋지고 엄청나 보일 수 있지만, 사실은 그렇지가 않아요. 시제품은 돈만 들이면 만들 수 있는 경우가 많거든요. 그렇기 때문에 나중에 보면 여러 시제품이 거의 동시에 만들어지곤 해요. 서로 자기가 최초라고 주장하면서 싸우는 일도 적지 않죠.

정말로 어렵고 중요한 문제는 여러 종류의 시제품을 기술적으로, 그리고 경제적으로 대량생산하는 거예요. 어떤 신기술이나 신제품도 이 과정이 저절로 진행되지는 않아요. 많은 엔지니어가 실제로 골머리를 썩여가며 해결하는 문제이기도 하죠. 대량생산을 통해 제품이 보통 사람들에게 오기 전까지는 시제품은 돈 많은 소수 사람들의 장난감에 불과하거든요.

테슬라 모터스의 최대주주가 되다

대량생산 제안이 거절되자 에버하드는 2003년 여러 다른 엔지니어들과 함께 회사를 설립해요. 그 회사 이름이 바로 테슬라 모터스Tesla Motors예요. 아마도 머스크의 이름을 들어본 대다수 사람은 테슬라 모터스의 창업자로 그의 이름을 떠올리겠죠. 그런데 엄밀하게 말하자면 머스크는 테슬라 모터스의 창업자는 아니에요.

회사 이름에 들어가 있는 테슬라는 전기 엔지니어의 표상이라고 할 만한 니콜라 테슬라의 성을 따온 거예요. 저는 개인적으로 천재라는 말을 싫어하지만 니콜라 테슬라만큼은 천재라는 호칭이 아깝지 않다고 생각해요.

테슬라는 발명왕 토마스 에디슨과 라이벌 관계에 있었던 탓에 세속적인 관점에선 쉽지 않은 삶을 살았어요. 특히, 에디슨이 '직류 전기회로'를 주장한 반면 테슬라는 모두가 이론적으로 불가능하다던 '교류 전기회로'를 만들어냈죠. 현재 우리가 사용하는 전기는 테슬라의 아이디어가 바탕이 되었어요. 전기공학을 조금이라도 공부한 사람에게 테슬라는 영웅 중의 영웅이죠. 에버하드가 전기자동차 양산을 목표로 세운 회사 이름에 테슬라의 이름을 붙인건 그래서 당연한 일이기도 했어요.

대량생산을 위한 기술 개발을 위해선 적지 않은 자금이 필요했어요. 에버하드는 회사 설립 후 벤처캐피털 회사를 찾아다니며 투자받으려고 했지만 계속 거절당했죠. 전기자동차라는 게 완전히 새로운 상품은 아니었거든요. 무엇보다도 금융 회사는 돈을 버는게 가장 중요한 목표이기 때문에 자신들이 만족할 만한 높은 이익이 예상할 수 없으면 거들떠보지도 않았죠. 그들의 눈에 전기자동차 사업은 별로 수익성이 높지 않은 그저 그런 사업이었던 거예요. 장밋빛이기보단 회색빛이었던 거죠.

에버하드가 투자를 받지 못해 고전하던 때, 머스크와 스트라우벨은 티제로에 시승할 기회를 얻게 됐어요. 그들 역시 에버하드만큼이나 티제로에 완전히 매료되었죠. 에버하드와 똑같이 이걸 양산해보면 어떻겠느냐고 AC 프로펄션 사장에게 제안했어요.

AC 프로펄션의 사장은 얼마나 웃겼을까요? 모르는 사람들이 찾아와서 차 좀 타보자고 하더니, 내리고 나선 황홀한 표정으로 하나같이 대량생산해보자는 똑같은 얘기를 한 거니까요. 하지만 사장은 에버하드에게 한 것처럼 머스크의 제안도 거절했어요. 하지만 역사적으로 한 획을 그을 만한 의미 있는 일을 한 가지 했죠. 머스크에게 에버하드를 한번 만나보라고 조언해준 거예요.

　그렇게 만난 머스크와 에버하드, 그리고 스트라우벨은 결국 2004년 2월, 힘을 합쳐 전기자동차를 양산하기로 결정했어요. 머스크가 개인 자금을 투자해 초기 개발 자금을 감당하고 대신 테슬라 모터스의 최대주주 겸 이사회 의장이 되기로 한 거예요. 에버하드는 최고경영자CEO로 남고 스트라우벨은 최고기술책임자CTO가 되었죠. 머스크는 이에 더해 제품설계를 총지휘하는 역할도 맡게 돼요. 그렇게 테슬라 모터스가 출범하게 된 것이죠.

가장 섹시한 전기자동차를 만들 거야!

전기로 움직이는 고급 스포츠카

"팀의 역량은 정말 중요하다.
스포츠에서도 볼 수 있듯이,
개개인 스포츠맨의 역량이 뛰어난 팀이
승리할 확률이 높다. 그다음은 전략이다."

〈비즈니스 인사이더Business Insider〉와의 인터뷰에서 엘론 머스크

전자자동차 산업에 뛰어든 머스크는 기대와는 달리 난관에 빠지게 돼요. 그중에서도 가장 큰 문제는 전기자동차에 대한 사람들의 무관심이었죠. 전기자동차를 사려고 하는 사람이 많지 않은데, 머스크는 왜 전기자동차를 고집했을까요? 머스크가 이끄는 테슬라 모터스의 야심찬 3단계 전기자동차 개발 계획을 들어보면 그 이유를 알 수 있어요.

전기자동차의 라이벌

사실 전기로 구동하고 작동하는 탈것의 개념은 아주 오래전부터 있었어요. 역사를 잠깐 살펴보면, 1838년에 로버트 데이비슨Robert Allan Davidson이라는 스코틀랜드 사람이 전기로 가는 기차를 만든 적이 있어요. 시속 6㎞의 속도로 운행이 가능했죠. 정확한 연도는 알 수 없지만 1830년대에 마찬가지로 스코틀랜드의 로버트 앤더슨Robert Anderson이라는 사람이 전기로 운행하는 마차를 만들어 냈어요. 이처럼 초기 형태의 전기자동차가 출현한 건 현재 자동차 시장의 주류인 내연기관자동차보다 시기적으로 분명히 앞서요.

전기자동차는 그 이후 19세기 내내 조금씩 기술적으로 발전했어요. 당시 전기자동차와 경쟁한 자동차는 두 종류였죠. 물을 끓인 힘으로 가는 증기기관자동차와 석유를 태워서 나오는 폭발력으로 가는 내연기관자동차였어요.

이들은 각기 서로 다른 장단점을 가지고 있었어요. 제일 먼저 만들어진 증기기관자동차는 기술적으로는 가장 안정적이었지만, 엔진의 힘을 키우기가 쉽지 않다는 단점이 있었죠. 내연기관자동차는 시끄럽고 승차감이 좋지 못하다는 단점이 있었고, 전기자동차는 충전하는 데 시간이 걸리고 장거리 운행이 어렵다는 문제가 있었어요. 내연기관자동차 쪽이 속도가 더 빨랐을 거라고 생각하기 쉬운데, 꼭 그렇지는 않아요. 전기자동차 속도가 결코 내연기

가장 섹시한 전기자동차를 만들 거야!

관자동차보다 떨어지진 않았거든요.

빨리 달리지 마시오!

당시에 자동차의 궁극적인 경쟁자는 마차였어요. 사람들이 말이 끄는 이동수단에 익숙했기 때문이죠. 그러자 지금의 관점에서는 정말 어이없는 제도가 생겼어요. 바로 자동차의 최고 속도를 제한하는 법이었지요.

1865년 영국에서 선포된 '붉은 깃발법The Locomotive Act 또는 Red flag Act'●의 내용을 볼까요? 이 법은 자동차를 운행하려면 최소 3명이 반드시 있어야 한다고 못 박고 있어요. 운전자 한 명, 석탄을 공급하는 화부 한 명, 그리고 조수 한 명, 이렇게 세 명만 탈 수 있는 거죠.

여기서 조수가 하는 역할이 있는데 정말 웃겨요. 낮에는 붉은 깃발, 그리고 밤에는 붉은 등을 들고 자동차 전방 50m에서 뛰어가야 해요. 사람들에게 자동차가 오니까 위험하다고, 길을 비키라고 알리도록 한 거죠. 그래서 전기자동차든 내연기관자동차든 시내에서는 시속 3km, 시외에서는 시속 6km로 최고 속도가 제한됐어요. 이보다 더 빨리 달리면 법에 의해 처벌을 받아야 했고요. 더

●**붉은 깃발법** 영국이 자동차의 운용 방법에 관해 규정한 법률로 영국의 자동차 산업 발전을 독일이나 프랑스보다 뒤처지게 한 원인이 됐어요.

빨리 달릴 수 있어도 법으로 규제하니 그러질 못했던 거죠.

어떻게 이런 일이 가능했을까요? 바로 마부들과 마차와 관련된 업종에 종사하는 사람들이 국가에 로비를 했기 때문이에요. 자동차가 확산될수록 자신들의 이익이 줄어들 거라고 생각했던 거죠. 그렇다고 자신들의 속내를 노골적으로 드러낼 수는 없었으니 표면적으로는 보행자들의 안전을 위해 법 제정이 불가피하다고 떠들어댔어요. 결국 영국 자동차 산업의 발전이 더뎌질 수밖에 없었죠.

그러다 19세기 말엽이 되자 이 황당한 규제가 점차 완화돼요. 그러면서 본격적으로 다양한 자동차 간의 경쟁이 시작됐죠. 20세기 초반만 해도 전기자동차는 내연기관자동차에 비해 여러모로 우위를 점하고 있었어요. 최고 속도나 최대 항속 거리˙ 등에서 모두 전기자동차가 최고 기록을 보유했고, 판매량도 앞서 있었죠. 한 가지 예로, 당시의 미국 대통령이었던 우드로 윌슨Woodrow Wilson은 전기자동차를 애용했는데, 단 한 번의 충전으로 100㎞ 정도의 거리는 거뜬히 다녔다고 해요.

하지만 내연기관자동차들이 시장을 장악하면서 1930년대 이후 전기자동차는 사실상 멸종이나 다름없는 상태가 돼요. 여기에는 여러 가지 원인이 있었죠. 우선, 자동차가 다닐 수 있는 도로가

˙ **항속 거리** 항공기나 선박이 한 번 실은 연료만으로 계속 운행할 수 있는 최대 거리를 말해요.

가장 섹시한 전기자동차를 만들 거야!

계속 건설되면서 당시 전기자동차가 한 번의 충전으로 갈 수 있는 거리보다 더 오래 운행할 필요가 생겼어요.

또 내연기관자동차의 시동을 걸기 어려웠던 불편함과 지나치게 큰 소음이 기계장치 등의 발명으로 인해 조금씩 나아졌어요. 그렇지만 무엇보다도 결정적이었던 이유는 석유 회사들이 합심하여 미국 전역에 주유소 네트워크를 건설했기 때문이었어요. 이와 맞물려 자동차회사 포드Ford의 본격적인 대량생산으로 내연기관자동차의 가격이 대폭 하락해 시장을 완전히 장악하게 된 측면도 있었죠.

그렇다 보니 2000년대 초반 전기자동차가 재등장했을 때에도, 사람들의 반응은 무덤덤할 수밖에 없었어요. 성능에 아무런 불만 없는 내연기관자동차를 취향대로 골라 살 수 있고, 전국 어딜 가도 주유소가 깔려 있으니 가다가 연료가 떨어져 차가 멈출 걱정도 없고요. 전기모터야 세상에 나온 지 100년도 더 되어서 기술적으로도 새로울 것이 없었죠.

왜 전기자동차를 고집했을까?

이러한 악조건 속에서 도대체 머스크와 테슬라 모터스의 엔지니어들은 왜 전기자동차를 개발하려고 한 걸까요? 가장 큰 이유는 대량생산된 전기자동차가 여러 가지 문제점을 해결할 수 있다고 생각했기 때문이에요.

우선, 전기자동차는 석유 의존도를 줄이는 효과를 가져올 수 있어요. 앞으로 지구에서 석유가 얼마나 날지에 대해선 논란이 많아요. 그렇지만 언젠가는 고갈된다는 게 통설이죠. 만약 석유가 더 이상 생산되지 않는다면 어떤 일이 벌어질까요? 세상의 모든 자동차들이 멈춰 서겠죠. 또한 석유를 사용하는 내연기관자동차는 공해 물질을 배출하기 때문에 환경을 오염시켜요. 전기자동차를 내연기관자동차 대신 사용한다면 환경 문제가 줄어들겠죠.

그렇지만 전기자동차가 상용화된다고 해서 이러한 문제들이 모두 해결되는 건 아니에요. 일반적으로 전기에너지의 상당량을 화력발전을 통해 얻으니까요. 화력발전은 석탄이나 석유, 혹은 천연가스를 태워서 나는 열로 물을 끓여 발전하는 방식이에요. 그러니까, 전기자동차가 많아져도 전기에너지를 공급하기 위해 여전히 석유를 태워야 할 수도 있다는 얘기죠.

그렇지만 여전히 긍정적인 효과를 무시할 수는 없어요. 전기자동차 상용화 과정에서 새로운 기술들이 개발되고 축적될 테니까요. 또한 같은 석유를 태우더라도 좀 더 효율적으로 에너지를 생산하게 될 가능성이 높아요. 우리는 이것을 '규모의 경제'라고 해요. 각각의 자동차가 연료를 태워서 에너지를 만드는 것보단 초대형 발전기를 돌려 전기를 만드는 쪽이 에너지 손실이 적은 것이죠.

가장 섹시한 전기자동차를 만들 거야!

테슬라 모터스의 3단계 계획

2004년, 머스크가 테슬라 모터스의 제품설계 총책임자가 되면서 3단계에 걸친 전기자동차 개발 계획을 내놓았어요. 1단계는 고급 스포츠카를 개발하는 거였죠. 한 대당 가격을 1억 2천만 원 정도에 맞추도록 했어요. 이어 2단계로 중형의 세단˙을 만드는 거예요. 한 대당 가격을 6천만 원 정도로 낮추는 게 중요해요. 마지막 3단계는 3천만 원 정도의 대중적인 소형차를 만드는 거예요.

3단계 계획을 얼핏 보면, 별로 특별할 것 없다고 대수롭지 않게 생각할 수도 있어요. 하지만 이것은 머스크의 야심찬 계획이자 고심의 흔적이 드러나는 결과물이었죠. 왜냐하면 테슬라 모터스의 앞에는 해결해야 할 세 가지 큰 문제가 버티고 서 있었기 때문이에요.

첫째는 가격이에요. 자동차 산업은 '많이 생산할수록 승자가 되는 산업'이라고 말할 수 있어요. 남보다 많이 생산해야 가격을 낮출 수 있고, 가격을 낮추면 더 많이 팔 수 있어 더 많이 생산할 수 있게 되죠. 이런 선순환 구조가 있기 때문에 생산량이 충분하지 않으면 가격 경쟁력에서 뒤처질 수밖에 없어요. 처음부터 무턱대

˙**세단** 납작한 상자 모양에 지붕이 있고 운전석과 뒷좌석 사이에 칸막이를 하지 않은, 4~5명이 탈 수 있는 승용차를 말해요.

고 생산량을 늘렸다가 팔리지 않으면 그대로 큰 손실을 보고 망하게 되죠. 아무리 성능이 좋고 장점이 많다고 하더라도 가격을 기존 내연기관자동차와 비교할 수 있을 정도로 떨어뜨리지 못하면 장기적으로 테슬라 모터스가 살아남기란 쉽지 않아요.

둘째, 전기자동차에 대한 이미지와 선호도예요. 대다수의 사람에겐 익숙한 상태를 유지하고자 하는 관성적인 성향이 있어요. 전기자동차에 호기심이 간다 하더라도 막상 자동차를 구매하려고 하면 예전부터 타오던 내연기관차를 살 가능성이 높죠. 익숙하지 않다 보니 막연하게 '고장이 잘 나지 않을까?', '안전성이 떨어지지 않을까?', '전기에 감전되는 일이 벌어지면 어떻게 하지?' 등의 걱정을 할 가능성도 있어요. 타도 괜찮을까 하는 걱정을 극복하고, '이야, 타보고 싶다!'라는 생각이 들게 만들지 못하면 테슬라 모터스의 앞날은 어두웠죠.

그래도 앞의 두 가지 문제는 세 번째 문제에 비하면 아주 가벼운 수준이었어요. 바로 주행 거리와 재충전 문제였어요. 현재의 내연기관자동차의 경우 한 번 주유하면 보통 350~500㎞ 정도를 갈 수 있어요. 그리고 고속도로와 지방 도로에는 주유소가 촘촘하게 있기 때문에 기름을 다시 채우는 데 문제가 없죠. 시간도 얼마 안 걸리고요.

그런데 2004년 시점의 전기배터리 기술로는 최대 주행거리가 100㎞ 정도에 불과했어요. 이것을 획기적으로 늘릴 가능성은 사실 요원해 보였고요. 이들의 경쟁자였던 기존의 내연기관자동차 업계는 집요하게 이 문제를 부각시켰죠. 게다가 충전에 걸리는 시간도 만만치 않았어요. 최소 몇 시간은 소요되어야 다시 100㎞를 갈 수 있을 정도의 에너지를 채울 수 있었거든요. 그마저도 매 100㎞마다 충전소가 설치되어 있어야 전기자동차로 다른 지방에 갈 수 있었죠. 어떻게 충전소를 전국에 깔아놓을 수 있을까를 생각하면, 도무지 쉽게 답이 나오지 않는 거예요.

그렇다 보니 전기자동차는 장난감 같은 시제품에만 계속 머물고, 도시에서 출퇴근용으로나 겨우 쓸 수 있는 걸로 인식되어 온 거죠. 이 문제들을 머스크는 위에서 말한 3단계 계획으로 뚫고나 가겠다고 선포한 거였어요.

로드스터에게 주어진 2년

머스크는 전기자동차의 1단계 목표였던 고급 스포츠카 개발을 2년 내에 끝내겠다고 호기롭게 공언했어요. 자동차 회사들은 보통 신제품을 개발할 때 이름을 미리 정하지 않고 출시 직전에 정해요. 그전까지는 보통 별명으로 부르는데, 그것을 '코드네임'이라고 말하죠.

스포츠카의 코드네임은 '다크스타Dark Star'였어요. 어두운 별이란 의미죠. 별이 어두워 보이는 데에는 두 가지 원인이 있어요. 거리

엘론 머스크, 미래를 내 손으로 만들어

가 멀어서 그럴 수 있고, 생긴 지 얼마 되지 않은 어린별이라 청색을 띠고 있어서 그럴 수도 있어요. 보통의 세단과 거리가 있다는 의미였을 수도 있고, 생긴 지 얼마 되진 않았지만 온도는 뜨겁기 그지없다는 의미를 담았을 수도 있어요. 갓 태어난 어린 별의 표면 온도는 수만 도 이상으로 높거든요. 아마도 머스크는 이런 점들을 생각하면서 코드네임을 짓지 않았을까요? 나중에 다크스타의 공식 명칭은 '테슬라 로드스터Tesla Roadster'로 정해졌어요. '로드스터'는 보통 컨버터블이라고 부르는, 지붕이 없고 차 앞쪽이 긴 2인승의 스포츠카를 나타내는 보통명사예요.

머스크가 2년 내에 로드스터를 내놓겠다고 했을 때 반신반의하는 사람이 많았어요. 아니, 사실 반신반의가 아니라 대부분 '미쳤구나!'라고 생각했죠. 100년이 넘는 역사를 가진 세계 최고의 자동차 회사들도 그런 짧은 기간 내에 자동차를 개발해서 생산까지 한 전례는 없었거든요. 게다가 전기자동차는 새롭게 개발해야 하기 때문에 기술적인 난관도 적지 않았죠. 머스크도 그걸 모르지는 않았어요.

엔지니어, 불가능을 가능으로 만드는 사람

그렇다면 머스크는 왜 2년이라는 기간을 대외적으로 못 박았을까요? 그것은 머스크가 조금 더 목표를 향해 매진하기 위해 생각

가장 섹시한 전기자동차를 만들 거야!

해낸 전략일 수 있어요. 회사 내부에도 '과연 우리가 상용화할 전기자동차를 개발할 수 있을까?' 하고 의혹을 가진 사람들이 있었거든요. 하지만 이러한 의문을 가질수록 신기술 개발은 어려워져요. 될 거라고 온전히 믿고 모든 힘을 다해도 쉽지 않은 일이니까요. 그런데 거기에 더해 '정말 잘될까?' 하고 의문마저 가진다면 이미 시작 전부터 실패한 것이나 다름없죠.

새로운 제품 개발이나 기술 개발을 할 때, 과거에 성공한 확률을 보는 건 무의미한 일이에요. 왜냐하면, 그게 정말로 새로운 거라면 과거 성공 확률은 0%이기 때문이죠. 그런데 성공 확률이 높은 일만 골라 한다면, 그건 기존 것과 다르지 않은 별 볼일 없는 일인 경우가 많아요. 과거를 돌아보는 사람에게 획기적인 일은 언제나 너무 어렵고 불가능해 보이기 때문이에요. 하지만 남들이 불가능하다고 하는 일을 가능하게 만드는 사람들이 바로 엔지니어랍니다.

최초가 아닌
최고를 향해서

"나쁜 피드백에 신경 쓰고,

그와 같은 피드백을 특히 가까운 친구들에게

받을 수 있도록 노력하세요. 그런 사람이 많지 않겠지만,

그것은 정말 큰 도움이 될 것입니다."

TED 강연에서 엘론 머스크

머스크는 1단계 목표라고 공언했던 고급 스포츠카 개발을 2년 만에 무사히 달성했을까요? 아무리 머스크라고 하지만 그건 쉽지 않은 일이었어요. 처음엔 배터리가 문제일 거라고 예상했지만, 막상 개발을 하니 다른 부품에서 계속 문제가 터져 나왔죠. 머스크의 호언장담이 거짓말이나 다름없게 될 상황이 벌어졌어요. 테슬라 모터스의 최대 위기였죠. 머스크는 이 위기를 어떻게 헤쳐나갔을까요?

가장 섹시한 전기자동차를 만들 거야!

테슬라 모터스, 최대 위기를 맞다

머스크도 2년 내에 개발을 완료하는 게 만만한 일은 아니라고 생각했어요. 그래서 자동차 차체에 대한 부분은 기존의 기술을 최대한 활용하기로 결심했죠. 그가 손잡기로 결정한 곳은 영국의 스포츠카 전문사인 로터스Lotus였어요. 로터스는 우리나라 사람들에게도 꽤 친숙한 브랜드예요. 1996년 7월 기아자동차가 로터스의 스포츠카인 엘란을 85% 국산화해 '기아 엘란'이라는 이름으로 판매한 적이 있거든요. 독자 개발한 1.8*l* 휘발유 엔진도 없고요. 당시에 기아차는 로터스에 기술 용역 프로젝트를 주기도 했죠.

로터스는 특히 가벼운 차체로 유명했어요. 배기량이 큰 엔진을 쓰지 않으면서도 고성능을 내기 위해선 자동차의 무게를 줄이는 게 관건이에요. 무게를 줄이려면, 보통의 강철보다 가벼운 재료로 차체를 만들어야겠죠. 로터스는 특히 이런 쪽으로 실력이 뛰어난 회사였어요. 강도가 뛰어난 강화 플라스틱을 이용해 차체를 만들었죠. 머스크가 보기에 전기자동차 상용화 개발에 성공하려면 가능한 한 차체를 가볍게 만들어야 했어요. 가벼울수록 최고 속도나 최대 주행거리도 길어질 테고요.

다른 자동차 회사들은 전기자동차를 개발하면서 '유지비가 많이 안 드는 값싼 차'라는 콘셉트를 잡았어요. 그렇다 보니 싸구려 느낌을 지울 수가 없었죠. 하지만 머스크는 정반대의 콘셉트를 잡

앉어요. 충분히 비싸면서 누가 보더라도 탐을 낼 정도로 멋진 차를 만들겠다고 생각한 거죠. 그렇지 않고서는 전기자동차에 대한 사람들의 이미지가 근본적으로 개선될 수 없다고 생각했기 때문이에요.

2006년에 로드스터의 시제품이 나오자 사람들은 열광했어요. 예약 판매를 시작하자 유명 인사들이 줄을 서 화제를 모았죠. 레오나르도 디카프리오, 조지 클루니, 브래드 피트 등이 예약자 명단에 이름을 올렸어요. 원래는 2,500대만 한정 생산하기로 계획했는데, 예약 판매만으로 1,200대를 팔아버렸지요.

그런데 2년이 다 지나가도록 로드스터의 개발은 계속 진흙탕 속이었어요. 처음엔 배터리가 가장 문제가 될 거라고 예상했죠. 그런데 막상 개발을 해보니 배터리가 아닌, 다른 부품에서 계속 문제가 터져 나왔어요. 가장 골치 아팠던 부분은 변속기였죠. 처음에 채택한 르노Renault와 닛산Nissan의 합작사 제품이 의외로 내구성에 문제가 많다는 것을 나중에서야 알게 된 거예요.

얼마 달리지도 않았는데 변속기가 고장 나면 정말 큰 문제겠죠. 개발 일정을 맞추려고 서둘러 설계 변경을 하려다 보니 연결되어 있는 다른 부품들에도 계속 조금씩 문제가 생겼고요. 결국 약속한 2년을 훌쩍 넘기고 2007년이 돼버렸어요. 그 과정에서 머스크는 최고경영자로 있던 에버하드와 꽤 자주 의견 충돌이 있었고, 결국 11월 에버하드는 사장 자리에서 물러나고 말아요.

가장 섹시한 전기자동차를 만들 거야!

드디어 4년 만인 2008년 3월 양산이 시작됐어요. 9월이 가도록 누적 생산량은 27대에 불과했죠. 한마디로 성능과 생산이 전혀 안정되지 못한 거죠. 이 정도라면 예약자들이 계약을 모두 취소해도 할 말이 없었어요. 그동안 엄청난 개발비를 들였는데 판매가 계획대로 되지 않는다면 회사는 그대로 문을 닫을 수밖에 없는 상황이었죠. 심지어 10월 말에는 테슬라 모터스에 남은 돈이 100억 원도 안 된다는 소문까지 돌았어요.

진심을 보여주는 리더십

테슬라 모터스가 최대 위기에 처하자 머스크는 결단을 내려요. 테슬라 모터스가 빚을 못 갚으면, 자신의 개인 재산으로 모두 갚아주겠노라고 공식적으로 선언했어요. 원래 회장이나 사장은 회사가 빚을 갚지 못하면 개인 돈으로 갚아야 되는 거 아니냐고요? 그렇지는 않아요. 왜냐하면 테슬라 모터스는 주식회사거든요. 주식회사의 주인은 주주이고, 주주는 회사에 출자한 자금까지만 책임을 지고 그 이상의 손실을 입지는 않아요.

그럼에도 불구하고, 머스크는 본인이 책임지겠노라고 나선 거죠. 미국에서 이런 경우는 정말 드물기 때문에, 사람들은 깜짝 놀랐어요. 그의 진심과 로드스터 개발을 완료하려는 결의에 감복했어요. 테슬라 모터스가 망할지도 모른다는 의심과 소문은 그 후로 잠잠해졌죠. 결국 2009년부터는 정상적으로 양산에 돌입할 수 있었어요.

로드스터의 성능은 꽤 뛰어나요. 제로백은 3.7초로 티제로보다도 1초가량 빨라요. 더욱 중요한 최대 항속 거리는 미국 환경청이 인증한 공식 기록에 의하면 393㎞예요. 이전의 시제품 전기자동차들과는 비교할 수 없을 정도로 향상했죠. 최고 시속은 201㎞로 최고 출력으로 288마력을 내는 강력한 모터를 장착했어요.

한번은 포르쉐 911 카레라 S와 로드스터가 정지 상태에서 출발해서 누가 먼저 400m를 가는지 시합한 적이 있어요. 포르쉐 911은 최고 출력이 385마력에 3.8l 엔진을 장착한 괴물이에요. 많은 사람이 포르쉐 911이 이길 거라고 예상했죠. 그렇지만, 인터넷으로 중계된 시합의 승자는 놀랍게도 로드스터였어요. 그것도 아슬아슬한 승리가 아니라 압도적인 승리였고요.

약간 늦긴 했지만 로드스터의 개발과 양산을 통해 상용화된 전기자동차가 결코 꿈이 아니라는 걸 머스크가 입증해 보이자, 외부의 시선이 바뀌기 시작했어요. 2009년 테슬라 모터스에 좋은 일이 생기기 시작했죠. 5월에는 메르세데스 벤츠를 생산하는 독일의 다임러Daimler에서 무려 5.5조 원의 돈을 투자받았어요. 그 밖에도, 미국 정부로부터 약 5천억 원의 융자, 일본의 토요타Toyota자동차에서 550억 원, 배터리 기술의 최강자 중의 하나인 일본의 파나소닉Panasonic에서 330억 원을 투자받았죠.

가장 섹시한 전기자동차를 만들 거야!

테슬라 모터스의 2인용 전기 스포츠카, 로드스터

머스크는 "로드스터의 경쟁자는 포르쉐이지 혼다 어코드가 아니다."라며
프리미엄급 전기 스포츠카를 출방했어요. 이후 테슬라는 새로운 세단형 전기자동차
모델 S 개발을 위해 2012년 1월 로드스터를 단종했지만 3년 후인 2015년 1월에,
모델 S 개발 과정에서 얻은 차량 효율 개선 노하우를 반영해 1회 충전
주행거리를 처음보다 두 배 늘린 신형 로드스터 출시 계획을 발표했어요.

놀라운 고급 세단, 모델 S

이제 머스크가 테슬라 모터스의 2단계 계획을 실천에 옮길 차례가 되었어요. 구체적인 계획은 로드스터의 양산이 개시되고 3개월 후인 2008년 6월에 발표되었죠. 코드네임은 '화이트스타 White Star'로 발표됐어요. 이전의 로드스타보다는 이제 우리에게 훨씬 가까워져 밝게 빛난다는 뜻이었겠죠? 나중에 공식 명칭은 '모델 S'로 정해졌어요.

모델 S는 본격적인 고급 세단을 지향해요. 머스크는 경쟁 차종으로 메르세데스 E클래스, BMW 5시리즈, 아우디 A6, 등을 꼽았죠. 개발에 로드스터 때와 비슷한 4년 정도가 소요되어 2012년 6월에 양산차를 일반 고객에게 인도하기 시작했어요.

모델 S는 전기모터 용량에 따라 크게 두 가지 사양이 있어요. 상위 출력의 이륜구동˚의 경우 최고 출력은 360마력, 제로백은 5.4초, 공인 항속 거리는 426㎞, 최고 시속은 230㎞예요. 성능뿐만 아니라 안전도도 매우 높아서, 미국 고속도로안전국의 충돌 시험에서 전 종목 다섯 개의 별을 받았어요. 충돌 시험 결과는 별의 개수로 나타내는 데 다섯 개가 제일 높은 점수예요.

˚ **이륜구동** 엔진의 동력을 앞의 두 바퀴에만 또는 뒤의 두 바퀴에만 전달하여 구동시키는 방식을 말해요.

가장 섹시한 전기자동차를 만들 거야!

모델 S의 내부

모델 S 대시보드에 있는 17인치 터치스크린 패널은
내비게이션, 온도 조절, 인터넷 검색 등의 기능을 갖췄어요.
마치 아이패드를 연상시키는 모습이죠.

로드스터도 멋지긴 했지만, 모델 S는 탐이 날 정도로 멋지게 생겼어요. 밖에서 보면 일반 자동차 회사의 최신형 고급 승용차처럼 느껴져요. 고급스럽게 디자인한 외관이 은은한 멋을 드러내죠. 사실 고급 승용차의 외관이 너무 튀면 부담스러울 수 있는데 말이죠.

이런 등급의 차를 찾는 사람들은 사실 조금 보수적인 성향을 갖고 있는 경우가 많아요. 너무 노골적으로 드러내지 않으면서 동시에 자신의 남다른 점을 과시하고 싶은 사람에게 딱 맞는 외관 디자인이에요. 머스크가 일일이 세심하게 신경 쓴 결과였죠.

한편, 차 내부로 들어가면 또 느낌이 확 달라져요. 운전석에 앉아 안전벨트를 매고 브레이크를 한 번 밟으면 시동이 저절로 걸리죠. 따로 시동을 걸 필요가 없어요. 내연기관 엔진이 아니다 보니 시동이라는 말이 조금은 어색할 수 있어요. 그냥 전원이 들어온다고 얘기하는 게 더 맞겠죠. 그러고 나면 앞쪽의 대시보드＊에 있는 17인치 터치스크린 패널이 눈에 띄어요. 전기자동차이니만큼 모든 것을 전기로 작동할 수 있어요.

가장 놀라운 건 엔진 소리가 아주 조용하다는 거예요. 모터 소리가 엔진 소리보다 작은 건 당연하죠. 그뿐 아니라, 머스크는 차에서 날 수 있는 온갖 종류의 소음과 잡음이 거의 들리지 않도록

＊ **대시보드** 운전석과 조수석 정면에 있는 운전에 필요한 각종 계기들이 달린 부분을 말해요.

가장 섹시한 전기자동차를 만들 거야!

아주 까다롭게 챙겼어요. 고급차에서 이상한 소리가 나면 아무래도 호감도가 떨어지니까요.

충전 문제를 해결하다

전기자동차가 널리 상용화되는 데 가장 큰 난관은 바로 충전 문제였어요. 모델 S는 일반인을 대상으로 한 승용차를 지향하기 때문에 이 부분이 더욱 중요하죠. 이 문제를 머스크는 어떻게 돌파했을지 궁금하지 않나요? 충전을 빨리 하기 위한 기술을 개발하고, 주유소 등과 계약을 맺어서 충전기를 설치했을까요? 보통 사람이라면 그런 정도의 해결책을 생각했을 것 같아요.

그런데 머스크는 여기서 완전히 새로운 방식을 생각해냈어요. 제일 먼저 급속충전소를 전국에 직접 설치하기로 결정했죠. 모델 S를 일반적인 방식으로 충전하려면 9시간 정도가 걸려요. 대륙 횡단 같은 장거리 여행에서 제약이 많겠죠? 그래서 고속으로 충전할 수 있는 충전소를 미국 전역에 설치한 거예요. 급속충전소에서 30분 동안 충전하면 320㎞를 갈 수 있는 전기에너지가 충전돼요. 내연기관자동차보다는 길지만 휴게소에 들러서 볼일을 보고 음료수 한 잔 마시는 시간을 생각해보면 큰 문제가 아니겠다는 생각도 들지 않나요?

충전 시간이 짧아진 것도 중요하지만 그보다 귀에 솔깃하게 들리는 특징은 바로 이 급속충전소에서의 충전이 무료라는 점이에요. 보통 자동차를 타고 다니면 기름값이 들잖아요. 많이 다닐수록 더 들고요. 그런데 테슬라 모터스가 만든 전기자동차를 사면 이제 기름값, 아니 전기값이 한 푼도 안 든다는 거죠. 충전을 무료로 해주겠다는 발상, 정말 놀랍지 않나요? 누구나 '이걸 공짜로 해주다 보면 손실이 너무 크지 않을까?'라는 생각을 할 수 있어요. 그런데 머스크는 그 생각을 뒤집어버린 거예요. 당장은 비용과 손실이 발생하지만 테슬라 모터스의 자동차를 살까 망설이던 사람들에게는 정말 희소식이겠죠. 그래서 사람들이 더 살수록 급속충전소의 설치와 테슬라 모터스의 경영은 더욱 힘을 받게 되고요.

머스크는 또 하나의 방식을 생각해냈어요. 바로 더 급한 사람들을 위해 급속충전소에서 아예 배터리팩을 통째로 바꾸는 서비스를 제공하기로 한 거죠. 이 작업은 1분 30초 만에 완료될 수 있어요. 휘발유를 넣는 것과 시간적으로 전혀 차이가 없게 된 거예요. 이 서비스는 무료는 아니고 대략 8만 원에 제공돼요.

최초의 교환서비스는 2014년 12월에 미국 캘리포니아의 샌프란시스코와 로스앤젤레스 사이에서 개시됐어요. 2012년부터 설치되기 시작한 급속충전소는 2014년 11월 기준으로 전 세계에 268개가 있지요. 북미에 132개가 있고, 유럽에 99개, 아시아에도 37개가 있어요. 모델 S의 판매가격은 처음에 계획했던 것보다는 조금 올라갔어요. 사양에 따라 7천 5백만 원 정도에서 1억 원 정

가장 섹시한 전기자동차를 만들 거야!

도 하니까요. 프리미엄 이미지를 고수하는 게 유리하겠다는 판단을 하고 보니, 가격을 억지로 너무 낮출 필요가 없어진 거예요. 보급형을 지향하는 3단계 계획의 차가 개발되고 나면 얼마까지 가격이 낮아질 수 있을지 알게 되겠죠.

최초보다는 최고를 향해

10년이 넘는 지금까지의 이력만으로도 테슬라 모터스와 머스크는 자동차 산업의 역사에서 하나의 전설이 되었어요. 그런데 머스크는 결코 여기에서 멈추지 않았죠. 모델 S 다음으로 나올 모델은 '모델 X'예요. 이 차는 이른바 SUV 차량 즉, 포르쉐의 카이엔이나 BMW의 X5 등과 비교할 수 있는 차예요. 특히 눈에 띄는 것은 이른바 걸윙 도어를 채택했다는 점이에요. 걸윙 도어란 마치 갈매기가 날개를 들어올린 것처럼 문이 위로 열리는 방식을 말해요. 대부분의 스포츠카들이 이런 방식을 택하고 있죠. 모델 X는 보통의 스포츠카를 능가하는 4.4초의 제로백을 자랑해요.

모델 X 다음으로 개발 중인 차가 '블루스타Blue Star' 즉, 파란별이라는 코드네임을 갖고 있는 보급형 전기차예요. 원래의 3단계 계획에 해당하는 차였죠. 처음에는 모델 E라고 공식 명칭을 정했는데, 다임러 사가 자사의 E클래스를 베꼈다고 문제를 제기해서 결국은 모델3으로 최종 결정됐어요.

모델 X의 걸윙 도어

마지막으로 테슬라 모터스와 머스크에 대해 한 가지만 더 얘기하려고 해요. 2014년 6월 머스크는 기자회견을 열어 테슬라 모터스가 갖고 있는 전기자동차에 관련된 지적재산권 즉, 특허권을 공개하겠다고 발표했어요. 특허권이란 발명자에게 정부가 정한 특정 기간 동안 독점적인 권리를 누릴 수 있는 권한을 말해요. 특허의 개수를 가지고 기술 개발의 성과를 측정하는 경우도 많고요. 다른 사람이 특허를 허가 없이 베꼈을 때, 소송을 통해 배상을 받을 수 있기 때문에 정상적인 경우라면 기업들이 이런 내용을 공개하려고 하지 않죠.

그러나 머스크는 정반대로 결정한 거예요. 표면적으로 보면 제정신이 아니지 않나 싶은 이런 결정을 왜 내린 걸까요? 아마도 전기자동차 업계의 판도를 바꾸기 위해서가 아닐까 싶어요. 공개된 특허를 통해 더 많은 회사가 전기자동차 개발에 뛰어들면 그만큼 전기자동차 기술과 시장이 더욱 빠른 속도로 성장하게 될 것이라 생각한 거죠. 그는 확실히 생각하는 방식이 달라요.

이것은 IT 업계의 시각으로 자동차 산업을 바라보고 있는 거라고 볼 수 있어요. 기존의 자동차 산업 기술도 계속 발전되고 있긴 하지만, 발전의 속도는 예측 가능한 범위 내예요. 반면, IT 산업의 발전 속도는 시간이 갈수록 더욱 빨라지고 있어요. 그렇게 발전 속도가 빠른 만큼, 시장을 얼마나 선점해 나가느냐가 매우 중요하죠. 그러니까 IT 산업에서 통용되는 방식을 자동차 산업에 적용하고 있다고 볼 수 있어요. 기술이 발전함에 따라 점점 산업 간의 경계가 허물어지고, 새로운 형태의 산업이 나타나고 있다고 이해해도 좋을 것 같아요. 여러분들도 이런 분야를 찾아 꿈을 꾸고 뜻을 펼쳐보세요!

최초가 되라는 얘기를 많이 듣죠? 저는 여러분에게 최초는 신경 쓰지 말고 최고를 지향하라고 말해주고 싶어요. 최초는 이론밖에 모르는 사람들이나 신경 쓸 일이에요. 전기자동차의 최초가 머스크는 아니죠. 하지만 머스크는 전기자동차에서 최고예요. 엔지니어는 언제나 최고가 되고 최고를 만들어내려고 애를 쓴답니다. 그래서 그들은 삶이 재미있고 낙천적이죠. 여러분은 최초의 사람과 최고의 사람 중 어떤 사람이 되고 싶나요?

가장 섹시한 전기자동차를 만들 거야!

머스크가 들려주는 전기자동차의 역사

세계 최초의 전기자동차는 1830년대에 만들어졌어요. 동시다발적으로 여러 가지 방식의 전기자동차 혹은 전기를 이용한 운송수단이 그때 제안되고 개발됐죠. 당시만 해도 자동차라는 개념 자체가 없던 시절이라, 전기자동차라고 불리지는 않았어요. 가령, 스코틀랜드의 로버트 앤더슨Robert Anderson이 만든 것은 '충전이 안 되는 배터리로 작동하는 마차'라고 불렸어요. 분명한 건 지금의 일반적인 자동차의 전신, 가솔린이나 디젤엔진을 장착한 이른바 내연기관자동차보다는 시기적으로 훨씬 앞섰다는 점이에요.

19세기 내내 조금씩 기술 발전이 진행된 끝에 20세기 초반에 전기에너지로 운행하는 자동차와 기차는 보편화됐어요. 특히, 짐을 싣고 다니는 자동차인 상용차 시장의 대다수를 점하고 있었지요. 기차도 마찬가지였어요. 전기로 움직이는 기차, 그러니까 전철을 일상적으로 이용해왔으니까요. 지금 우리가 타고 다니는 지하철 또한 전철이라고 할 수 있죠.

사람들이 타고 다니는 승용차 시장에서도 한때 전기자동차는 꽤 유력한 후보였어요. 최고 속도나 운행거리 등에서도 내연기관자동차에 결코 밀리지 않았고, 여러 가지 성능 면에서 오히려 앞서 있었다고도 해요. 사실 1900년 미국에서 팔린 자동차 중에 28%는 전기자동차였어요. 결코 몇몇 사람이 재미삼아 타고 다니던 차가 아니란 얘기죠.

가솔린엔진 자동차에서 당시에 가장 불편한 점은 시동이었어요. 옛날 영화에서 자주 볼 수 있는데, 차 앞의 엔진룸에 크랭크 휠이라는 막대기를 집어넣고 힘차게 돌려서 엔진 시동을 걸어야 했죠. 그런데 그게 쉽지 않아서 여러 번 시도해도 성공한다는 보장이 없었어요. 팔 힘으로 무거운 엔진을 직접 돌려야 하니 땀이 뻘뻘 나는 힘든 일이었죠. 아이러니한 건 전기자동차에서 쓰는 전기모터를 응용한 전기스타터라는 부품을 가솔린 자동차에 장착하면서 시동을 지금처럼 쉽게 걸 수 있게 되었고, 그 이후에 전기자동차의 위세가 꺾이기 시작했다는 사실이에요.

전기자동차는 1930년대 이후 거의 시장에서 사라지다시피 했어요. 그러곤 40년 넘게 사람들의 관심을 거의 받지 못했죠. 그러다가 1970년대에 전 세계적인 석유 파동이 벌어지자 조금 상황이 나아졌어요. 석유 파동이란 당시 중동의 산유국들이 석유 가격을 급격하게 높인 사건을 말해요. 기름 값이 도저히 감당할 수 없을 정도로 올라가자 전 세계적으로 에너지 절약과 대체 에너지에 대한 관심이 증가했죠.

그 움직임은 1990년대 세계 1위의 자동차회사인 미국의 제네럴 모터스General Motors의 전기자동차 개발 시도로 이어지게 돼요. 당시 미국 캘리포니아주 정부가 배기가스 배출을 대폭적으로 줄이기 위해, 1998년부터 전기자동차를 일정 비율만큼 판매하도록 의무화했어요. 일명 배기가스 제로 정책이었어요. 제네럴 모터스는 EV1이라는 제품을 내놓았고, 이를 뒤쫓아 크라이슬러, 포드, 혼다, 토요타, 닛산, 기아 등 다른 자동차 회사들도 전기자동차 개발을 추진했지요.

그러다 제네럴 모터스는 EV1의 생산과 판매가 궤도에 오를 시점에 갑자기 생산을 중단해버려요. 여러 이유가 있었지만 가장 결정적으로는 미국 대법원에서 캘리포니아주 정부의 배기가스 제로 정책이 문제가 있다고 판결했기 때문이었어요. 테슬라 모터스가 탄생한 건 이후의 일이었죠.

가장 섹시한 전기자동차를 만들 거야!

화성에
우주 정착지를
세울 거야

로켓 개발 비용을 대폭 낮추다

"말도 안 되는 소리로 들린다는 것을 나도 잘 안다.
그러나 인류가 다른 행성에서 살기를 바란다면
많은 사람을 화성으로 이동시키는 방법을
생각해볼 필요가 있다."

'화성 식민지Mars Colony' 관련 인터뷰에서 엘론 머스크

공상과학 소설을 좋아한 머스크기 때문일까요? 그는 '공상과학 소설 속의 내용이 현실이 될 순 없을까?'라는 의문을 품기 시작해요. 다른 사람들이 라면 공상으로 그쳤을 법한 일을, 머스크는 현실화하기 위해 별도의 회사 를 차리죠. 천문학적인 액수의 비용이 드는 우주 개발 사업에 머스크는 왜 뛰어들 생각을 했을까요? 그것은 머스크의 최종적인 목표와 관련된 일이 기 때문이에요. 최종 목표가 뭐냐고요? 이제 머스크의 그 발칙한 상상을 들어볼 차례예요.

우주에서의 삶을 꿈꾸며

우주를 다룬 〈그래비티〉나 〈인터스텔라〉 같은 영화를 본 적 있나요? 무섭다거나 신비롭다고 느꼈을 수 있을 것 같아요. 우주는 두려움과 경이로움을 동시에 느끼게 하는 공간이지요.

앞에서 머스크가 관심을 둔 세 분야가 인터넷, 청정에너지, 그리고 우주라고 했던 것을 기억하죠? IT 기업을 세워 큰돈을 벌었고, 화석연료를 사용하지 않는 전기자동차 상용화를 이루어내고 있으니, 이제 남은 건 우주뿐이네요. 한 번 마음먹으면 절대 포기하지 않고 실행에 옮기는 머스크의 성격에, 나머지 하나를 내버려둔다는 건 있을 수 없는 일이죠. 맞아요, 머스크는 우주로 눈을 돌리기 시작했어요. 그것도 아주 진지하게 말이죠.

2002년 6월, 머스크는 자신의 세 번째 회사를 설립했어요. 테슬라 모터스 이사회의 의장으로 취임한 것보다 2년이나 앞선 일이었죠. 사실 머스크는 전기자동차보다 우주로켓 개발에 먼저 손을 댄 거죠. 페이팔이 팔린 게 그해 10월이니까 아직 채 현금이 생기기도 전에 회사를 세운 거예요. 게다가 전 재산에서 절반이 넘는 천백억 원의 돈을 이 회사 자본금으로 내놓았으니, 머스크가 얼마나 우주에 관심이 컸는지 알 수 있어요.

그 회사의 이름은 '스페이스 익스플로레이션 테크놀로지스Space Exploration Technologies'예요. 우리말로 옮기면 우주탐험기술 정도가 되

화성에 우주 정착지를 세우겠어

겠죠? 하지만 쉽게 부르기엔 너무 긴 이름이죠. 그래서 회사 로고에 사용할 짧은 이름도 만들었어요. 바로 '스페이스X'예요. 머스크 본인이 회사의 최고경영자이면서 설계최고책임자 역할을 맡았죠.

여담이지만 머스크는 영어 알파벳 중에 X를 좋아하는 것 같아요. 우주를 대상으로 하는 회사에도 X를 쓰고, 또 테슬라 모터스의 자동차 중에는 모델 X가 있으니까요. X는 수학에서 첫 번째로 나오는 미지수죠? 짐작하건대 머스크는 수학도 꽤 좋아하지 않았을까 싶어요.

역사적으로 오랜 기간 동안, 인류에게 우주는 그저 바라볼 수밖에 없는 대상이었어요. 우주에 관한 온갖 미신이 탄생하기도 했죠. 가서 직접 보고 만지고 경험하기 전에는 진짜 모습을 알 수 없기 마련이니까요. 인류가 비행기를 만들어 날기 시작한 게 20세기 초반의 일이니까, 우주 탐험은 그보다도 훨씬 시간이 흐른 뒤의 일이었어요.

20세기 초중반에 비행기 기술이 지속적으로 발전했지만, 우주 비행은 여전히 불가능한 일이었어요. 왜냐하면 우주로 나가려면 지구의 중력을 이겨야 하기 때문이에요. 뉴턴의 만유인력의 법칙에 따르면, 질량을 가진 물체들은 서로 끌어당기는 힘이 있어요. 지구의 질량이 대략 6×10^{24}이라고 하니, 지구가 물체를 끌어당기는 힘인 중력은 실감할 수 없을 정도로 큰 힘인 거죠. 아무리 세게

스페이스X의 CEO, 그윈 쇼트웰Gwynne Shotwell

스페이스X의 기업 정신은 생각을 행동으로 옮기는 것을 중요하게 여겨요. 머스크를 닮은 엔지니어들이 많다는 얘기죠. 그중 한 명으로, 사장이자 최고운영책임자로 있는 그윈 쇼트웰이 있어요. 쇼트웰의 아버지는 뇌외과의사였고 어머니는 예술가였어요. 그는 초등학교 3학년 때부터 자동차에 큰 관심을 가지게 되었죠. 그러고는 미국 시카고 근방에 있는 노스웨스턴대학교에 진학하여 기계공학을 공부하고 이어 같은 학교에서 응용수학으로 석사 과정까지 밟았어요.

원래 계획은 자동차 회사에서 엔지니어로 일하는 거라 미국의 자동차회사 크라이슬러로부터 입사 허가까지 받았어요. 하지만 마지막 순간에 마음을 바꿔 군사 우주 목적의 엔지니어링 프로젝트를 전문으로 하는 에어로스페이스라는 회사에 입사했어요. 10년을 근무한 후, 마이크로코즘이라는 조그만 엔지니어링 회사의 임원으로 옮겼죠. 그러던 중 2002년 스페이스X에서 일하는 친구와 점심을 먹게 됐어요. 그 자리에서 우연히 머스크와 대화를 나누게 된 거예요. 그로부터 2주 후, 쇼트웰은 스페이스X의 일곱 번째 직원으로 입사하게 됐어요. 그러곤, 2008년부터 스페이스X의 사장으로 일해 오고 있죠. 쇼트웰이 했던 말을 들어보면 그가 어떤 사람인지 잘 알 수 있어요.

"만일 당신이 미래를 꿈꾸지 않거나 현재의 개선을 위해 노력하지 않는다면 그건 곧 낙오하고 있는 것이나 마찬가지입니다."

참고로 쇼트웰은 매력적인 여성이랍니다. 남성이 아니에요. 혹시 놀랐나요? 놀라지 마세요. 여성도 얼마든지 뛰어난 엔지니어가 될 수 있어요. 위와 같은 생각에 공감한다면 말이죠.

공을 하늘 높이 던져도 조금 지나면 땅으로 떨어지는 걸 본 적 있죠? 우리의 팔 힘으로는 지구의 중력장을 벗어날 수 없기 때문이에요. 포탄도 마찬가지죠. 아무리 세게 쏴도 탈출하지 못하고 결국은 땅으로 떨어져요.

세계 로켓 개발의 역사

그러다가 지구의 중력장을 벗어날 새로운 가능성이 생겨났어요. 바로 로켓을 이용하는 거였죠. 로켓은 액체 혹은 고체 연료를 태워 발생하는 힘으로 날아가는 비행체를 총칭하는 말이에요. 역사적으로는 13세기에 중국이 화약의 힘을 이용해서 원시적인 로켓을 발명했다고 전해요. 중국에서 화약이 최초로 발명됐으니 그럴 수 있죠.

고려 말 최무선이 개발한 '달리는 불'이라는 뜻의 '주화'도 초기 형태의 로켓이에요. 나중에 조선 세종대왕 때 이를 개량해 만든 무기가 바로 '신기전'이죠. 1983년, 국제 항공우주학회IAF에서 신기전에 관한 연구 결과가 발표되어 국제적으로도 한국의 로켓으로 인정받게 되었어요. 고려 말부터 로켓의 역사가 시작된 셈이니 우리나라도 꽤 긴 역사를 가진다고 볼 수 있죠.

로켓은 처음에는 장난감으로 여겨졌지만, 곧 병기로서의 가능성을 널리 인정받게 돼요. 제2차 세계대전 동안 나치 독일은 V-2

신기전
조선 세종대왕 때 여진족을 물리치는 데 큰 역할을 했어요. 이 신무기의 활약을 지켜보던
사람들이 '귀신과 같은 기계화살'이라는 의미로 신기전이라는 이름을 붙였죠.

라는 로켓을 개발했어요. 사정거리가 300㎞에 달했던 이 로켓을 맘잡고 높이 쏘아 올리면 206㎞의 고도까지 올라갈 수 있었다고 해요. 지구 주위를 도는 위성의 궤도는 고도에 따라 저궤도, 중궤도, 정지궤도로 나누거든요. 저궤도는 500~1,500㎞ 사이를 말하고, 중궤도는 1,500~20,000㎞ 사이, 그리고 정지궤도는 약 36,000㎞에 있어요. 그러니까 V-2는 아직 저궤도에도 인공위성이나 우주선을 보낼 능력은 없는 로켓이었던 거죠.

제2차 세계대전이 끝나고 미국과 소련은 포로로 잡은 독일의 로켓 엔지니어들을 각각 자국으로 압송했어요. 그러고는 로켓을 개발하게 했죠. 하지만 미국과 소련의 로켓 개발이 이때부터 시작된 건 아니었어요. 미국과 소련 모두 각각 이전부터 이 작업에 종사해 오던 로켓 엔지니어들이 있었거든요.

미국은 로켓을 무기로 쓰는 쪽에 좀 더 집중하고 있었어요. 그러다가 1957년 10월 4일, 소련이 세계 최초의 인공위성인 스푸트니크 1호를 지구 위성궤도에 올려놓게 돼요. 인류가 만든 물체가 최초로 우주로 나갈 수 있게 된 거죠. 스푸트니크 1호의 성능보다는 사람이 만든 물체가 지구의 위성궤도에 올라갔다는 사실이 충격이었어요. 소련이 진일보한 우주로켓 기술을 가졌음을 만천하에 공표한 거였죠. 당시 소련과 냉전 중이던 미국은 소련보다 기술적으로 앞서 있다고 자부했는데, 뒤통수를 제대로 맞았죠. 충격에 빠진 미국은 그때부터 사활을 걸고 우주 개발에 나서요.

스푸트니크 1호

1957년 10월 4일에 세계 최초의 인공위성 스푸트니크 1호가 지구를 벗어나 우주로 갔어요.
스푸트니크 1호는 지금 보면 장난감 같아요. 할 수 있는 일이라곤 전파를 송수신하는 게
전부이고, 공 모양 몸체의 지름이 58.5cm, 무게는 83.6kg에 불과했어요.

우주로켓과 우주비행체

여기서 잠깐, 우주선의 개념이 좀 모호한 부분이 있어서 이를 분명히 짚고 넘어갈게요. 우주선은 크게 두 가지로 나누어볼 수 있어요.

먼저, 지구 중력장을 벗어나 떠다니는 우주비행체예요. 실제로 우주비행체는 우주를 항행하는 목적을 가졌죠. 사람이 타지 않은 인공위성도 넓게 보면 우주비행체라고 볼 수 있고, 달 탐험을 위해 개발된 아폴로호나 지구를 공전하는 국제 우주정거장도 우주비행체라고 할 수 있어요.

그리고 다른 하나는 로켓 즉, 발사체예요. 이 우주로켓이 우주비행체가 지구의 중력을 벗어나도록 하는 거죠. 여러 대의 아폴로 왕복선을 지구 밖으로 나가게 해준 '새턴 5호'나 유럽 13개국이 연합한 유럽우주기구가 개발한 '아리안'이 대표적인 로켓이에요. 우리나라의 '나로호'도 만찬가지고요.

우주로켓과 우주비행체 중 어느 쪽이 기술적으로 더 어려울까요? 사람을 태우고 우주를 항행할 우주비행체를 생각한다면, 지구 밖으로 나가기 위한 우주로켓 개발보다 훨씬 더 어려워요. 그렇지만, 그 단계까지 가려면 우선 우주비행체가 지구 바깥으로 안전하게 나갈 수 있어야겠죠? 그렇기에 지금까지 개발된 기술의 주된 목적은 우주로켓이었어요. 영화나 만화에 나오는 우주선이나 우주함선은 우주비행체에 우주로켓이 결합된 형태로 묘사되곤 하지만 아직 현실은 그 단계까지 발전하진 못했어요.

그만큼 우주로켓 개발은 쉬운 일이 아니었어요. 스푸트니크 1호를 위성궤도에 올려놓은 로켓은 소련의 R-7 세묘르카R-7 Семёрка였죠. 이 로켓은 사실 핵폭탄을 장착하여 미국을 공격하기 위한 목적으로 만든 대륙간 탄도미사일이에요. 탄도미사일과 우주로켓 개발은 거의 같은 기술력으로 개발되거든요.

우리나라가 나로호를 개발할 때 두 번 실패하고, 세 번째에 겨우 성공했어요. 이런 실패가 드문 일은 아니랍니다. 소련도 스푸트니크 1호 발사할 때 고생을 많이 했어요. 첫 번째 시도에서 세묘르카가 중도에 폭발해버렸고, 두 번째 세묘르카는 세 번의 시도 끝에 기체 결함으로 결국 발사하지 못했지요. 세 번째 세묘르카는 로켓 엔진이 갑자기 꺼져 비행 32초 만에 땅으로 떨어졌어요. 네 번째, 다섯 번째 세묘르카의 비행이 성공하고 나서야 마침내 여섯 번째에 세묘르카에 스푸트니크 1호를 태워 발사했지요.

우주로 여행을 떠나세요!

위성궤도에 우주비행체를 올려놓을 수 있는 로켓 개발이 완료되자, 다음에는 과연 생명체가 우주에서 생존할 수 있을지 확인할 필요가 생겼어요. 지구 대기권 밖으로 나가본 적이 없으니 어느 누구도 이를 확신할 순 없었죠. 소련은 스푸트니크 1호가 성공하자 곧바로 이 실험을 하기로 했어요. 그리하여 1957년 11월 3일, 스푸트니크 2호에 '라이카'라는 세 살짜리 개를 태웠죠.

하지만 당시의 기술로 비행체를 위성궤도에 올려놓을 수는 있었지만, 위성궤도에 있는 비행체를 다시 안전하게 지구로 돌아오게 하는 기술은 없었어요. 라이카는 어떻게든 죽을 수밖에 없었던 운명인 거죠. 원래는 어느 시점에 독약이 든 먹이로 라이카를 안락사할 계획이었지만, 실제로는 발사 7시간 만에 죽었다고 해요. 죽음의 원인은 스푸트니크 2호의 내부가 과열되면서 엄청난 스트레스를 받았기 때문이 아닐까 짐작할 뿐이에요.

스푸트니크 2호 발사 이후 사람을 우주 비행체에 태울 수 있는지가 관건이 됐어요. 로켓을 발사할 때와 로켓이 지구로 귀환할 때 발생하는 강력한 가속도를 사람이 견뎌낼 수 있는지가 확실하지 않았죠. 몸에 가해지는 가속도에 사람의 몸무게를 곱한 값이 비행할 때 받는 힘이에요. 사람의 몸이 그 힘을 견디지 못한다면 우주 비행은 불가능한 일이겠죠? 그렇다 보니 처음에는 이러한 비행 환경에 가장 익숙한 전투기 조종사 중에서 몇몇을 선발하여 우주비행체에 태웠어요.

일반적으로 비행할 때의 가속도는 지구 중력가속도에 견주어 나타내요. 몸 앞에 가해지는 가속도가 중력의 6배, 머리 위 방향에서 가해지는 가속도가 중력의 4.5배 정도까지 올라갈 수 있다고

스푸트니크 2호에 태워진 라이카

기계가 꽉 들어찬 좁은 공간 속에서 라이카는 몸을 조금도 움직일 수 없도록
꽁꽁 묶여 있었대요. 당시 소련의 과학자들이 인공위성에
파리와 도마뱀, 쥐, 토끼, 개 등의 동물 중 어떤 동물을 실을까 무척 고민하던 중,
고정 자세로 오래 참을 수 있는 동물이어서 개를 선택했다고 해요.

말하죠. 머리 위쪽 방향의 가속도가 가장 견디기 어렵고, 몸 앞쪽 방향의 가속도가 가장 견디기 쉽다고 해요. 보통 전투기 조종사들은 6G•에서 9G까지도 견뎌내고, 미 공군 대령이었던 존 폴 스탭 John Paul Stapp은 1947년 몸 앞 방향 가속도로 45G까지도 견뎠다고 해요. 평범한 사람이라도 약간의 훈련만 받으면 몸에 가해지는 가속도를 견딜 수 있어서 우주여행을 못하리라는 법은 없어요.

실제로 개인이 운영하는 사기업에서 우주여행 관광 상품을 팔 정도로 기술이 많이 발전했어요. 대표적인 회사가 영국의 모험 사업가이자 대부호인 리차드 브랜슨 Richard Branson이 만든 버진 갤러틱 Virgin Galactic이라는 회사예요. 이 회사가 제작한 스페이스십2 Spaceship2라는 비행체는 위성궤도보다 낮은 고도에서 지구와 우주를 감상할 수 있어요. 버진 갤러틱은 이 관광 상품을 2억 2천만 원에 예약받았지만, 2014년 10월 첫 번째 비행체가 시험비행 중 추락하여 조종사 한 명이 죽는 사고가 발생했지요. 아직 개발 단계인 셈이에요.

한편, 엑스코르 XCOR라는 회사는 비행기와 우주로켓의 중간 정도쯤 되는 링크스 Lynx라는 우주비행체를 개발 중이에요. 이들의 목표는 100㎞ 이상의 고도까지 비행이 가능하고, 지상에 자체 착륙

•G 지구 중력에 의하여 지구상의 물체에 가해지는 가속도를 이르는 말이에요. 일반적으로 약 9.8m/s²을 중력 가속도 G라고 해요.

이 가능한 우주비행체를 만드는 거예요. 그렇지만, 이들 민간 회사의 서비스는 모두 위성궤도보다 낮은 고도에서 비행하는 것을 목표로 하기 때문에 엄밀히 말해선 우주여행으로 볼 수는 없어요.

"머스크, 당신은 미쳤어!"

전통적으로 우주 개발은 오직 정부만이 할 수 있는 일로 여겨졌어요. 그것도 아무 나라나 할 수 없고, 몇 개의 강대국만이 시도할 수 있다고 여겨졌죠. 대표적인 나라가 바로 미국과 지금의 러시아인 소련이고, 요즘엔 중국도 노력을 많이 기울이고 있어요. 앞의세 나라보다는 뒤떨어지지만 프랑스, 인도, 일본, 영국, 이란, 이스라엘 등도 우주 개발 관련 기술을 보유하고 있어요. 우리나라도두 차례의 실패 끝에 2013년 1월, 나로호가 위성을 정지궤도에올려놓는 데에 성공했죠. 1단 로켓은 비록 러시아의 기술이긴 하지만, 어쨌거나 우리도 일본이나 이란에 필적할 만한 우주 기술을보유하고 있다고 얘기할 수 있는 수준이 된 거예요.

그렇다면 왜 우주 개발은 민간이 아닌 강대국의 정부만이 할 수있는 일이라고 여겨졌을까요? 그건 세 가지 이유 때문이었어요.첫째는 우주 개발에 너무나 막대한 비용이 들기 때문이에요. 우주개발에는 기본적으로 우주선을 지구 밖으로 내보낼 발사체인 로켓도 만들어야 하고, 또 우주를 항행할 우주비행체도 만들어야 하죠. 그것을 개발하고 제작하는 비용이 천문학적으로 많이 들어서 일반적인 개인이나 보통의 회사가 도저히 감당할 수 없다고 생각되기 마련이에요.

둘째는 개발 및 제작 기간을 아무도 예상할 수 없기 때문이에요. 개발하다 보면 생각지도 않았던 기술적 문제와 난관들이 계속 등장할 수 있거든요. 그걸 해결하려면 얼마나 시간이 걸릴지 직접 해보기 전에는 알 수가 없죠.

마지막으로, 우주 개발에 필요한 기술력을 민간 회사가 가질 수 있느냐는 의문이 있어요. 우주선 개발에는 첨단의 엔지니어링 기술이 필요해요. 그것을 대체로 미국의 항공우주국, 나사NASA나 소련의 국영기관에서 개발해왔던 거고요.

그런 엄청난 일을 머스크가 민간 회사를 세워 하겠다고 나서자 사람들은 모두 그를 비웃었어요. 전기자동차를 상용화하겠다고 나섰을 때보다 더 심한 말을 들어야 했죠. "IT 졸부가 수천억 원 짜리 장난감이 필요한 모양이다.", "아마추어리즘의 극치다."라는 등의 비난이 쏟아졌어요. 머스크는 이들의 놀림에 대해 훗날 "내 재산을 줄이는 가장 빠른 방법을 택했다."라며 자조적인 농담까지 해요. 물론 그의 본심은 아니었죠.

그 천문학적 비용은 사실일까?

머스크는 우주 개발이 왜 지지부진한지 의문을 던져요. 다른 사람들은 그 이유로 하나같이 천문학적인 액수의 비용을 꼽아요. 예를 들어, 1989년에 미국에서 조사를 해보니 사람이 탄 우주비행체를 화성으로 보내기 위해서 당시 550조 원 정도가 들었다는 기록이 나왔어요. 지금 돈의 가치로 환산하면 그보다 훨씬 더 큰돈이었겠죠. 이쯤 되면 아무리 부자 나라인 미국이라고 해도 감당하기가 쉽지 않아요.

누구나 당연하다는 듯이 입에 올리는 이 천문학적인 비용을, 머스크는 이것이 사실인지 직접 확인해봐야겠다고 생각했어요. 그러고는 조사를 시작했죠. 그는 제일 먼저 우주로켓을 제작하는 데 어떤 재료를 사용할 수 있는지를 살펴봤어요. 이것은 아주 기본적이면서도 중요한 내용이죠. 왜냐하면 어떤 물건의 가격이 아무리 낮아도 만드는 데 들어가는 재료비보다 낮아질 수는 없으니까요.

예를 들어, 자동차의 경우 재료비가 차량 가격의 70% 정도에 달한다고 해요. 기술적으로 차별화하기 어려운 개인용 컴퓨터는 재료비가 90%까지 달하고요. 그러니까 머스크는 우주로켓 가격이 얼마나 낮아질 가능성이 있는지를 알아보고 싶었던 거예요.

머스크가 우주로켓의 소재로 쓸 수 있다고 생각한 재료는 항공우주용 알루미늄 합금과 티타늄, 구리, 그리고 탄소섬유 등이었어

화성에 우주 정착지를 세우겠어

요. 이들을 적당한 비율로 섞으면 원하는 성질을 얻을 수 있다고 생각한 거죠. 그리고 나서 이 재료들을 로켓 제작에 필요한 만큼 샀을 때 드는 비용을 계산해 본 거예요. 처음 그 숫자를 보고 머스크는 깜짝 놀랐어요. 믿기지 않아서 수차례에 걸쳐 틀린 데가 없는지 다시 계산해 봤죠. 하지만 결과는 똑같았어요.

머스크가 놀란 이유는 로켓의 재료비를 기존의 로켓 개발비와 비교해보니 고작 2%에 불과했기 때문이에요. 재료비가 이것 밖에 되지 않는다면 앞으로 로켓의 개발비가 낮아질 여지가 엄청 크다는 얘기죠. 우주로켓 개발은 굉장히 위험한 일이에요. 아무리 기술적으로 완벽하게 하려 해도 예기치 못한 상황이 벌어지면서 로켓이 폭발하는 일이 다반사니까요. 게다가 로켓이 운반하는 우주비행체에 사람이라도 타면 더욱 심각한 문제가 되죠. 그렇기 때문에 과거에는 효율성을 앞세우기보다는 안전성과 신뢰성을 최우선으로 개발해왔어요. 정부 기관이 주도하는 개발이다 보니, 비용을 낮추려는 노력에 그렇게 큰 의미를 두지 않기도 했고요. 이런 상황 속에 머스크는 새로운 비전을 세웠어요. "기존 비용의 10분의 1로 우주로켓을 발사하겠다."라고 선언한 거예요.

현재 미국이 주로 쓰고 있는 발사체는 델타4Delta4예요. 액체 연료를 쓰면서 2단으로 분리되고, 필요하면 부스터를 추가 장착해서 더 무거운 우주비행체를 운반할 수 있는 로켓이죠. 부스터란, 로켓의 추력을 증진시키기 위해 붙이는 별도의 로켓을 말해요. 델타4의 개발비는 2조 8천억 원, 한 번 발사할 때마다 천8백억 원 정도의 돈이 들어요. 정말 어마어마한 액수죠?

하지만 델타4는 사실 미국 정부가 비용을 최대한 낮춰서 개발한 로켓이었어요. 이전에 쓰던 우주왕복선이 기대와는 달리 돈이 많이 든다는 사실을 깨닫고 대안으로 만든 로켓이거든요. 그것의 10%에 불과한 비용으로 로켓을 개발하고, 발사하겠다고 하니 어느 누가 믿겠어요? 게다가 로켓을 개발해본 적도 없는 회사이니 말 다했죠. 그래도 머스크는 전혀 굴하지 않았어요. 자신이 조사해본 바로는 가능성이 충분히 있다고 믿었기 때문이에요.

여기서 잠깐

우주로켓 발사 비용은 어떻게 계산할까?

우주로켓을 한 번 발사할 때의 비용은 크게 두 가지로 나눌 수 있어요. 우선은 연료비예요. 우주로켓에 들어가는 연료가 비싸기는 하지만 일반적인 휘발유 가격의 몇 배를 넘지는 않아요. 그렇기 때문에 연료비는 대개 전체 비용의 작은 부분에 불과해요.

2009년에 발사된 우주왕복선의 1회 발사 비용은 5천억 원이었는데 연료비는 20억 원이 채 안 됐으니까요. 나머지는 연료를 제외한 나머지 로켓 몸체에 들어가는 비용이에요. 금속 등으로 구성된 이 부분이 비용의 대부분을 차지해요.

재료비 자체는 머스크가 확인했던 것처럼 2% 정도에 불과하지만 이를 가공하고, 시험하고, 장착하는 데에 엄청난 돈이 든다는 거죠. 그밖에도 발사대를 유지하고 보수하는 등의 운용 비용이 있지만, 이는 크게 변하지 않는 고정 비용으로 볼 수 있어요.

화성에 우주 정착지를 세우겠어

실패에 굴하지 않는 도전

"다이아몬드는 엄청난 압박을 이겨내며
만들어지죠. 이러한 면에서 엘론 머스크는
일종의 다이아몬드 제작 장인입니다."

스페이스X에서 머스크와 함께 일했던 돌리 싱Dolly Singh

머스크는 미국 정부가 로켓을 개발하는 비용의 10분의 1 수준으로 로켓을
발사하겠노라 선언했죠. 그 말이 과연 실현될 수 있었을까요? 로켓 발사를
성공시키는 것도 어려운데, 개발 비용을 이 정도로 낮추겠다니, 사람들이
보기엔 그야말로 '무모한 도전'이었죠. 하지만 머스크는 자신이 뱉은 말에
책임을 지는 사람이에요. 그가 쉽게 포기할 리 없었죠. 지금부터 머스크의
화성 정복을 향한 '무한 도전' 이야기를 펼쳐볼게요.

머스크의 첫 번째 우주로켓

머스크는 스페이스X의 첫 번째 우주로켓에 대해 '팰컨1'이라는 이름을 붙였어요. 영화 〈스타워즈〉의 주인공 한 솔로가 타던 우주선의 이름이 '밀레니엄 팰컨'이었는데, 바로 여기에서 따왔다고 해요. 영어로 팰컨Falcon은 '매'를 뜻하고, 영화에서는 우주에서 제일 빠른 우주선으로 소개돼요. 참고로 우리나라 공군의 주력 기종 중의 하나인 KF-16도 원래 이름이 '파이팅 팰컨'이었죠.

그렇게 3년이 지나 2005년이 되자, 머스크는 다시 기자들을 불러 모았어요. 그러고는 이렇게 선포했죠.

> "11월 25일에 스페이스X의 첫 번째 우주로켓, 팰컨1을 발사하겠습니다."

길이 29m, 액체 연료를 포함한 발사 무게 39t에 달하는 팰컨1이 드디어 남태평양의 웨이크 섬에 있는 발사대에 모습을 드러낸 거예요. '설마' 하는 심정으로 사람들은 이 역사적인 발사를 지켜보았죠. 기상 악화로 하루 늦어진 11월 26일, 이제 정말로 발사하나 싶던 찰나에 연료 탱크와 메인 엔진 컴퓨터에 문제가 생겼어요. 결국 발사는 중단됐죠. 사람들은 '역시나' 하며 차가운 반응을 보였어요.

화성에 우주 정착지를 세우겠어

그 후로도 기술적인 문제와 결함 등으로 발사 일정을 계속 연기했어요. 결국 다시 12월 19일에 로켓을 발사대에 올렸다가 연료 탱크의 문제로 다시 내렸어요. 머스크는 2006년 1월 하순에는 반드시 발사한다고 했지만 그냥 보내야 했고, 2월에는 반드시 발사한다고 다시 발표했지만, 결국 하지 못했어요. 동화 〈늑대와 양치기 소년〉의 양치기 소년 같은 입장이 되어버린 거죠.

뜻밖의 행운을 맞다

머스크와 그의 회사 스페이스X는 굉장히 미묘하고도 중대한 시점에 처해 있었어요. 아무리 머스크가 싼 값에 우주 비행을 할 수 있는 로켓을 개발한다고 장담해도, 아무런 실적이 없는 회사에 그 일을 맡길 사람은 없었겠죠. 그래서 우주 엔지니어링 기술에 관한 한 최고의 권위를 자랑하는 미 항공우주국에서 먼저 인정을 받는 것이 중요했어요. 아무리 과거에 상용화된 로켓을 개발한 이력이 없더라도 미 항공우주국과 로켓 개발에 대한 계약을 맺을 수 있다면 적어도 시작도 못 해보고 주저앉는 일은 없을 테니까요.

그러다가 머스크에게 천운이라고 할 수 있는 일이 벌어졌어요. 2006년 1월, 미 항공우주국이 '상업용 궤도 수송 서비스'라는 프로그램을 발표했어요. 총 5천5백억 원 정도의 돈을 들여 국제우주정거장에 물자를 수송할 수 있는 로켓과 비행체를 개발하는 이 프로그램에 놀랍게도 머스크의 스페이스X가 선정된 거예요. 또 다른 우주항공개발 회사였던 로켓플레인 키슬러Rocketplane Kistler와 함께 말이죠.

이 프로그램은 미 항공우주국이 역사상 처음으로 확정된 금액에 민간 회사와 계약을 맺고, 민간 회사 주도하에 우주로켓과 우주비행체를 개발하려는 시도였어요. 이전까지의 개발은 모두 '원가 더하기 이익'의 방식으로 이루어졌거든요. 그러니까 보잉-맥도넬 더글라스나 록히드 마틴 같은 회사가 우주선을 개발한다면서 얼마를 쓰든 미 항공우주국은 그 돈을 다 주고, 거기에 더해 미리 정한 비율만큼의 이익까지 보장해줬다는 말이에요. 그러하니 회사 입장에서는 손해볼 일이 없으니까 아무래도 돈을 펑펑 낭비하게 됐죠. 그러면서 개발비가 불어나는 폐단이 생겼어요.

그런데 당초 약속했던 팰컨1의 시험 발사가 계속 연기되니 그를 시기하던 기존의 군수 및 우주항공 업체들이 한목소리로 들고일어났어요. "거봐라, 기술력도 없는 신생 회사가 할 수 있는 일이 아니다."라며 시끌시끌했죠.

머스크는 입이 바짝 마를 수밖에 없었어요. 혹시라도 미 항공우주국이 상업용 궤도 수송 서비스 회사로 스페이스X를 선정한 것을 취소라도 한다면, 회사가 매우 위태로워지기 때문이었죠. 머스크는 팰컨1의 시험 발사를 연기시킨 기술적 문제를 해결하는 데온 힘을 집중했어요.

화성에 우주 정착지를 세우겠어

거듭되는 추락과 실패

운명의 2006년 3월 24일이 그렇게 다가왔어요. 굉음을 울리며 발사된 팰컨1은 힘차게 발사대를 박차고 날아올랐어요. 드디어 성공이라고 생각했죠. 그렇지만, 로켓 외벽에 붙어 있던 단열재 일부가 떨어져나가는 사고가 발생하고 말았어요. 로켓은 궤도를 이탈했고 결국 발사된 지 41초 만에 남태평양에 추락했어요. 또 한 번의 실패였던 거죠.

천하의 머스크도 이런 노골적인 실패 앞에서는 의기소침해질 수밖에 없었어요. 그는 대외적인 인터뷰를 거부하고, 사고의 원인을 규명하는 데 전력을 기울였지요. 조사 결과, 그때까지 계속 문제가 됐던 연료 탱크의 연료가 새서 실패했다는 것을 알게 됐어요. 샌 연료에 불이 옮겨 붙으면서 단열재가 떨어져나갔고, 연료 탱크의 압력이 낮아진 것을 감지한 메인 컴퓨터가 엔진을 정지시키면서 추락한 거였죠.

그런데 머스크는 팰컨1의 시험 발사 실패에도 불구하고, 팰컨1보다 훨씬 큰 우주로켓 개발을 다시 개시했어요. 새로운 로켓의 이름은 '팰컨9'이었지요. 머스크, 참 배짱 있죠?

미 항공우주국과 맺은 상업용 궤도 수송 서비스 계약에 따르면 스페이스X가 로켓뿐만 아니라 우주비행체도 개발하도록 돼 있었어요. 팰컨9에 장착하여 발사할 비행체의 이름을 '드래곤dragon'이라고 정했죠. 적지 않은 사람들의 반대 속에서도 드래곤은 2006년 8월 미 항공우주국의 안전심사위원회의 심사를 통과해요. 머스크로서는 참으로 다행스러운 일이었죠.

첫 번째 시험 발사에 실패한 지 거의 1년 가까이 된 2007년 3월 20일, 스페이스X의 팰컨1은 다시 발사대에 올랐어요. "쓰리, 투, 원, 발사!" 팰컨1은 화염을 내뿜으며 우주로 나아갔어요. 이번에야말로, 드디어 성공할 거라 기대했던 스페이스X의 엔지니어들은 당황했어요. 잘 작동하던 팰컨1의 제2 엔진이 갑자기 정지해 버린 거예요. 발사한 지 7분 만의 일이었죠. 결국 팰컨1은 목표로 했던 궤도에 도달하는 데 실패하고 말았어요. 그래도 지구 고도 300㎞까지는 무사히 비행한 셈이었어요. 머스크는 그날 이런 말을 남겼어요.

"오늘 발사는 비교적 성공적이었습니다. 비록 완벽한 하루는 아니었지만 훌륭한 하루였던 건 분명합니다."

발사를 실패한 건 사실이지만, 그저 좌절하기보다는 실험의 긍정적인 면을 보려고 애썼던 거예요. 의기소침해졌을 스페이스X의 엔지니어들을 격려하는 말이었죠. 리더가 기죽어 있는 모습을 보이면 직원들도 덩달아 그렇게 될 수밖에 없으니까요.

엔지니어의 일은 한 번에 성공하는 경우가 없어요. 어떤 면으론

화성에 우주 정착지를 세우겠어

계속 실패할 수밖에 없는 일이죠. 하지만 그렇게 시행착오를 겪다 보면 결국은 해결책을 찾게 된답니다. 그러니 여러분도 실패를 두려워하지 마세요.

네 번째 발사, 드디어!

계속해서 팰컨1의 로켓 엔진에서 문제가 발생하자 머스크는 전면적으로 엔진을 다시 설계하기로 결정해요. 이전까지 쓰던 엔진은 스페이스X가 자체 개발한 멀린1A라는 엔진이었는데, 이를 대신할 멀린1C라는 엔진을 새롭게 개발한 거예요. 이를 위해 1년이 넘는 시간이 소요됐죠.

멀린1C를 장착한 세 번째 팰컨1은 2008년 8월 2일, 다시 발사대에 올라요. 이번에는 반드시 성공할 거라고 굳게 믿는 스페이스X 엔지니어들의 염원을 등에 업고 말이죠. 미 국방성도 트레일블레이저Trailblazer라는 위성을 팰컨1에 탑재하도록 했어요.

일단 출발은 완벽했어요. 새로 개발된 멀린1C는 아무런 문제를 보이지 않았고, 계획한 대로 힘차게 위성궤도를 향해 비행했죠. 그러다가 1단 로켓과 2단 로켓을 분리하는 과정에서 사고가 났어요. 분리는 잘됐는데, 1단 로켓에 남아 있던 연료가 다시 점화되면서 1단 로켓과 2단 로켓이 공중에서 충돌한 거예요. 결국, 또 실패했어요.

스페이스X 최초의 로켓, 팰컨1

팰컨은 다섯 번의 발사 중 세 번의 발사를 실패했어요. 하지만 스페이스X가
기술을 발전시키고 경험을 쌓는 데 있어 중요한 역할을 한 로켓이에요.

이 문제는 기술적으로 그렇게 해결하기 어려운 문제는 아니었어요. 머스크는 사고 후 한 달도 안 돼서 다시 네 번째 발사를 감행했어요. 마침내 2008년 8월 29일, 팰컨1은 목표했던 임무를 성공적으로 수행해요. 드디어 개발에 성공한 거죠. 머스크는 기쁨에 차서 이렇게 말했어요.

"오늘은 내 인생 최고의 날입니다. 그동안 우리가 들인 노력들이
옳았음이 증명됐습니다."

여러분, 이쯤해서 팰컨1의 발사 비용이 얼마인지 궁금하지 않나요? 머스크가 처음에 했던 결심이 현실화되었는지 확인해봐야죠. 로켓 개발비를 제외하고 디스커버리 같은 우주왕복선 한 번 발사에 보통 5천억 원 정도가 들어요. 미국 정부가 일반적으로 쓰는 델타4 같은 로켓을 발사하는 데 천8백억 원이 든다고 말했죠? 놀라지 마세요. 팰컨1의 발사 비용은 약 75억 원에 불과했어요. 우주왕복선의 1.5%, 델타4의 4%에 불과한 돈으로 로켓을 제작하고 발사했다는 얘기예요. 머스크가 했던 말이 헛된 공상이 아님을 실제로 증명해 보인 거죠.

팰컨9의 승승장구

팰컨1 발사에 성공했으니, 이제 팰컨9 개발에 본격적으로 나설 때가 되었어요. 여기서 숫자 9의 의미는 멀린 엔진을 9개 장착한 다는 의미예요. 2010년 6월 4일, 미국 플로리다주의 케네디 우주 센터에 팰컨9가 처음 모습을 드러냈어요. 길이는 54미터로 팰컨1의 거의 2배에 달하고, 발사 무게는 33t으로 팰컨1의 8배가 넘어요. 그동안 축적된 기술 덕분이었겠죠? 팰컨9는 첫 번째의 발사에서 가뿐히 성공해요. 발사 후 9분 30초 후에는 우주비행체 드래곤의 모형을 무난히 위성 궤도에 돌입시켰죠.

이때의 발사 속도는 시속 29,000㎞, 초속 8㎞ 정도였어요. 이속도를 '제1 우주속도'라고 불러요. 이 정도 속도가 나야 위성궤도에 돌입할 수 있거든요. 서울~부산 간 직선거리가 약 400㎞이니까 팰컨9의 속도로 비행하면 50초 만에 서울에서 부산까지 갈 수 있다는 얘기죠. 이보다 빠른 초속 11.2㎞ 이상의 속도로 비행하면 지구 중력장을 벗어날 수 있어요. 이를 '제2 우주속도'라고 해요. 마지막으로 초속 618㎞ 이상으로 날면 태양계를 벗어날 수 있죠. 이를 '제3 우주속도'라고 불러요.

첫 번째 시험 발사에 성공한 지 약 6개월 만인 2010년 12월 8일, 팰컨9의 두 번째 발사가 시도됐어요. 그동안 개발이 완료된 우주 비행체 드래곤을 장착하고 비행하는, 드래곤의 첫 번째 시험 발사

화성에 우주 정착지를 세우겠어

국제우주정거장과의 도킹을 시도하는 드래곤

국제우주정거장과의 도킹에 성공한 드래곤은 우주정거장에 상주하는 우주인을 위한 식품과 의류, 실험 장비 등 400kg의 화물을 전달했어요. 그중에는 우주인이 요청한 아이스크림도 있었다고 해요.

관련 영상 보기

이기도 했어요. 결과가 어땠을까요? 믿기지 않을 정도로 완벽한 성공이었어요. 팰컨9도 임무를 완수했을 뿐만 아니라, 드래곤도 완벽하게 작동한 거예요. 우주 공간에서의 시험이 끝나고 드래곤은 지구로 돌아오기 위해 대기권으로 다시 돌입했어요. 일반적으로 우주비행체가 대기권에 돌입할 때는 굉장히 위험한 구간을 지나요. 가속도가 발사할 때보다도 더 높고, 섭씨 2,000도에 가까운 고온을 견뎌야 하기 때문이죠. 그런데 드래곤은 이마저도 문제없이 견뎌내고 태평양에 무사히 착수했어요. 한마디로 대성공한 것이죠.

팰컨9의 1회 발사 비용은 6백억 원 정도예요. 팰컨1보다는 높지만 다른 우주로켓보다는 현저하게 낮죠. 스페이스X는 팰컨9과 드래곤을 통해 2012년 5월 국제우주정거장과의 도킹에도 성공했어요. 2013년 11월 상업용 궤도 수송서비스 프로그램이 공식적으로 종료되면서 그동안 미 항공우주국이 스페이스X에 지급한 금액이 최종 정산됐어요. 전체 개발비가 8천8백억 원에 그쳤죠. 그러니까, 델타4 개발비의 3분의 1 비용으로 두 종류의 우주로켓을 개발했다는 얘기가 되죠. 머스크는 자신의 비전을 직접 실현해내고야 말았어요.

메뚜기 프로젝트를 시작하다

여기까지의 일만으로도 머스크는 우주 개발의 역사를 완전히 다시 쓴 엔지니어로 기억될 거예요. 하지만 여기서 머스크가 멈출까요? 여러분은 어떻게 생각하나요? 맞았어요. 머스크는 지금까지 이룬 성과에 만족하고 '이젠 됐다'고 생각할 사람이 아니에요. 엔지니어에게 완벽한 끝이란 없답니다. 하나의 문제를 해결했으면 그 다음 해결할 문제가 반드시 있기 마련이니까요.

현재 머스크의 스페이스X가 궁리하는 일은 여러 가지이지만 그 중 가장 중요한 두 가지만 얘기하고 머스크의 우주로켓 이야기를 마칠게요.

첫 번째는 로켓을 재사용할 수 있는 기술적인 방안을 마련하는 거예요. 통상 한 번 사용한 로켓은 당연히 버리는 것으로 생각해요. 그렇기 때문에 발사 비용이 정해지면 발사 횟수가 아무리 많아도 비용이 줄지 않죠. 로켓을 다시 사용할 수 있으면 그 비용이 훨씬 줄어들 거예요. 스페이스X가 목표로 하는 로켓 재사용 기술은 단지 바다에 빠진 로켓 껍데기를 회수해서 다시 쓰겠다는 차원이 아니에요. 현재 이것을 실현하기 위해 진행 중인 프로젝트가 있는데, 일명 '메뚜기 프로젝트Grasshopper Project'라고 해요. 다음과 같은 내용을 담고 있어요.

우선 팰컨9의 1단 로켓에 강철로 만든 네 개의 다리를 붙여요.

처음에 이 프로젝트를 시도했을 때에는 1단 로켓이 목표 고도에 도달하자 엔진이 멈춰 그냥 바다로 떨어졌어요. 그런데 신형 팰컨 9는 1단 로켓이 방향을 바꿔 엔진을 다시 점화시켜 발사 지점으로 돌아오는 걸 목표로 해요. 이륙 지점에 원래 출발했던 모양 그대로 수직으로 착륙하는 것이 신형 팰컨9의 목표인 거죠. 영화나 만화에서나 볼 수 있었던, 하지만 실제로는 불가능했던 방식대로 우주로켓을 이착륙시키겠다는 거예요. 정말 대단한 생각이죠?

팰컨9가 지금까지 얼마나 개발되었는지 확인할 수 있는 영상이 있어요. 2013년 6월에 했던 실험인데, 이 영상에서 팰컨9는 325m 지점의 고도까지 올라갔다가 다시 수직 하강하여 원래 발사 지점에 무사히 수직으로 착륙했죠. 이 장면을 보면 탄성이 절로 나와요.

한편, 같은 해 8월에 했던 실험에서는 수직으로 날아오른 후 수평 방향으로 100m를 비행하고, 다시 방향을 틀어 수평 및 수직 비행을 한 후에 원래의 발사 지점으로 착륙하는 데 성공했어요. 이렇게 하려면 로켓의 자세를 조정하는 기술과 물체가 비행할 때 받는 힘을 계산하는 기술을 잘 구사해야 해요. 단지 이론적으로 왈가왈부하는 것에 그치지 않고 실물로 재현했다는 게 정말 중요해요.

메뚜기 프로젝트 영상 보기

화성에 우주 정착지를 세우겠어

머스크가 이루고 싶은 또 하나의 목표는 팰컨9보다 훨씬 더 크고 무거운 우주비행체를 탑재할 수 있는 초대형 로켓을 개발하는 일이에요. 그 중간 단계로 '팰컨헤비'라는 기종을 1차로 개발하고 있어요. 팰컨헤비는 팰컨9를 나란히 옆으로 세 기를 붙여 놓은 모양이라고 보면 돼요. 팰컨9 한 기당 9대의 멀린 엔진이 들어가니까 총 27대 멀린 엔진의 추력으로 우주비행체를 비행시킬 수 있죠. 보다 본격적으로는 '랩터'라고 부르는 로켓 엔진을 개발 중이에요. 팰컨9의 직경이 3.7m인 반면, 랩터 엔진을 9기 장착한 초대형 로켓 화성식민지수송선의 직경은 10m에 달하죠. 랩터 엔진의 직경이 거의 2.5m이니까 엄청난 크기라고 볼 수 있어요.

　머스크의 우주를 향한 꿈은 어쩌면 아직 본격적으로 시작된 게 아닐지도 몰라요. 지금까지의 로켓 개발은 머스크가 보기엔 겨우 옹알이를 시작한 아기와 다름없을 수도 있어요. 그렇다면 머스크는 무슨 생각으로 전기자동차와 우주선을 개발하려는 걸까요?

화성에서의 삶을 준비하다

"내 목표는 10~15년 뒤에
우주선을 타고 화성에 가는 것입니다.
나는 (은퇴해서) 화성에서 죽고 싶습니다.
착륙하다가 죽는 것은 제외하고요."

엘론 머스크

드디어 머스크의 최종 목표를 밝힐 때가 되었어요. 머스크가 전기자동차와 우주선 개발에 온 힘을 쏟고 있는 이유는 뭘까요? 그의 꿈이 화성으로 이주하는 것이기 때문이에요. 정말 엉뚱한 꿈이라고요? 하지만 세상에는 화성에 가고 싶어 하는 사람이 생각보다 정말 많아요. 이제부터 할 이야기는 바로, 지구를 떠나 화성에 가고 싶어 한 사람들의 이야기예요.

화성에 우주 정착지를 세우겠어

지구는 왜 점점 살기 어려워질까?

2014년에 지구 전체의 인구가 70억 명을 육박했어요. 지금과 같은 추세라면 2050년에는 90억 명을 넘어선다고 하죠. 지구의 면적이 늘어날 리는 없으니 지구는 갈수록 비좁아질 거예요.

그에 비해 지구에서 조달할 수 있는 자원은 한계가 있어요. 식량과 물, 그 외에 다른 원자재 등도 풍족해지기보다는 점점 부족해지리라는 전망이 많죠. 공급되는 양이 별로 늘지 않는 상태에서 그를 필요로 하는 수가 계속 증가된다면, 지구는 점점 살기 어려운 곳이 될 가능성이 높아요. 한정된 자원을 놓고, 국가 간에 혹은 사람들끼리 갈등이 고조되어 전쟁 같은 극단적인 사건이 벌어지지 말란 법도 없고요.

만약 그런 일이 정말로 벌어진다면 우리는 무엇을 할 수 있을까요? 머스크는 이 문제에 대해 그다운 해결책을 갖고 있었어요. 바로, 지구가 아닌 다른 행성으로 이주하는 거였죠. 공상과학 소설에서나 나올 법한 얘기라고요? 그 가능성을 믿지 않는 사람에게는 그렇겠죠. 하지만, 미래는 머스크 같은 사람들의 손으로 만들어지는 거예요.

앞에서 베른의 소설에 대해 얘기했던 거 기억하나요? 바다 속을 물고기처럼 다니고, 하늘을 새처럼 날아다니고, 커다란 대포를 쏴서 달나라까지 가는 그의 소설을 보고 19세기 사람들은 터무니없는 얘기라고 콧방귀를 뀌었죠. 하지만 100년이 지나고 보니 어땠나요? 콧방귀를 뀌던 사람들이 도리어 비웃음거리가 됐죠. 머스크가 다른 행성, 특히 그중에서도 화성으로 이주할 계획을 진지하게 세우고 있는 것에 대해 함부로 비웃을 게 아니에요.

머스크의 최종 목표, 화성

여러분, 머스크는 왜 스페이스X를 설립하고 테슬라 모터스의 이사회 의장이 됐을까요? 그의 화성 식민지 개발 계획을 듣고 나면 잘 이해가 될 거예요.

머스크는 인류가 지구에서만 살겠다고 생각하는 게 지속 가능한 일이 아니라고 판단했어요. 앞에서 말한 것처럼 지구의 자원이 한정적이라는 이유도 있고요. 한편으로 핵전쟁이나 환경오염, 외계 생명의 침공 같은 일이 벌어지지 말란 법도 없다고 생각했어요. 게다가 2011년 3월에 일본 후쿠시마의 핵발전소 붕괴로 대량의 방사성 물질이 유출된 사고를 생각하면 결코 머스크의 걱정이 지나치다고만은 볼 수 없죠.

그러려면 우선 지구를 나가 다른 행성으로 이동할 수 있는 수단이 필요해요. 우주선이 필요한 거죠. 그런데 머스크가 보기에 1970년대 아폴로 시리즈 이후로 우주 산업은 별로 달라진 게 없었어요. 우주왕복선을 개발하긴 했지만 발사 비용이 너무 비싸니 경제적으로 현실적이지 못하고요. '내가 직접 우주로켓과 우주비행체를 개발해야겠어.'라고 생각하고 스페이스X를 설립했죠. 미항공우주국 주도로 개발할 때보다 비용을 10분의 1로 줄이겠다는 목표를 세운 것도 그 때문이었죠. 우주선 가격이 떨어지지 않는 한 인류의 화성 이주라는 목표는 현실적으로 한여름 밤의 꿈에 불과하니까요.

스페이스X가 팰컨9의 성공 이후 집중적으로 개발하고 있는 기술과 신형 로켓도 화성 이주를 목표로 하기 때문이에요. 많은 사람과 물자를 화성까지 운송하려면 훨씬 큰 추력을 가진 로켓이 개발되어야 지구 중력권을 탈출할 수 있겠죠. 그런데 화성에 도착한 후에 메뚜기 프로젝트의 기술이 없다면 어떤 일이 벌어질까요? 어찌어찌해서 화성까지 도달한다고 해도, 다시 지구로 돌아올 길이 없어요. 이렇게 되면 그냥 죽으러 가는 꼴이 되겠죠. 허무맹랑한 도전일 수밖에 없어요.

산소 없이 움직이는 자동차

테슬라 모터스의 설립도 우주 개발과 화성 이주에 관한 그의 계획을 듣고 나면 좀 더 이해가 돼요. 현재 우리가 쓰고 있는 운송수단은 예외 없이 내연기관을 기반으로 하고 있어요. 석유나 천연가스 등의 화석 연료를 연소시킬 때 발생하는 폭발력을 왕복운동 혹은 회전운동으로 바꿔서 구동력을 얻는 거예요. 그런데 물질이 불에 타려면 반드시 필요한 게 있어요. 바로 산소예요. 산소가 없으면 연소가 일어날 수 없죠. 우리가 사는 지구의 공기 중에는 산소가 20% 가량 들어 있기 때문에 불이 붙어요. 같은 지구라고 하더라도 바다 속에서는 불이 붙을 수 없는 이유도 바로 산소 때문이죠. 물에는 결합이 가능한 산소 분자가 거의 없으니까요.

문제는 지구 대기권을 벗어나면 산소가 사라진다는 거예요. 우주 공간은 물론이고, 화성 같은 행성도 마찬가지죠. 행성들은 지구와 마찬가지로 약간의 기체 가스를 끌어당겨 대기권을 형성해요. 하지만 그 기체 성분 중에 산소가 없다는 게 문제예요. 산소는 자연 상태에서 얼음이나 물로 존재하죠. 충분한 양의 물이 있다면 일정 수준의 산소가 발생할 여지가 있는 거지요. 외계 행성을 탐사할 때 물이 있는지를 자세히 조사하는 이유가 바로 이 때문이에요.

그러니까 우리가 현재 쓰고 있는 모든 자동차는 우주에 가면 무용지물이에요. 불이 붙지 않으니 움직이지 못하는 거죠. 우리 인류가 갖고 있는 기술 수준과 지식 중 다른 행성에서도 기계를 작동할 수 있는 동력원이 유일하게 전기에너지예요. 배터리에 저장된 전기에너지를 이용해 모터를 돌리는 거죠.

여기서 중요한 건 이것이 전기자동차가 작동하는 방식과 유사하다는 점이에요. 전기자동차를 개발해야겠다는 머스크의 생각이 단지 자동차를 많이 팔아 큰돈을 벌겠다는 차원이 아니라는 거죠. 전기자동차가 상용화되면 전기자동차에 대한 기술력이 대폭 증진되고, 그러면 지구가 아닌 화성에서도 작동할 전기자동차를 만드는 일도 훨씬 실현 가능해질 거예요.

화성 같은 우주의 다른 행성으로 이주한다고 했을 때, 전기자동차 같은 운송수단은 필수예요. 그것이 없다면 행성 위를 걸어 다녀야겠죠. 옛날에 지구에 인류가 충분한 기술을 가지지 못해 겪었던 상황과 비슷한 상황이 펼쳐지겠죠. 운송수단이 없으면 굉장히 좁은 영역에 집중돼 살 수밖에 없어요. 말에서 기차, 자동차 등으로 운송수단이 발전하면서 인류의 문명이 크게 발전했듯이 화성에서 인류가 새로운 문명을 일궈내기 위해서는 전기자동차 같은 운송수단이 꼭 필요하다고 본 거예요.

머스크의 화성 식민지 건설 계획

머스크는 혼자서 오랫동안 생각해 오던 화성 식민지 건설에 대한 자신의 생각을 분명하게 밝혔어요. 2012년 미국의 수도 워싱턴 DC에 있는 내셔널프레스클럽에서 기자회견을 열어, "화성에 새로운 문명을 만들어내겠다."라고 호언장담한 거예요. 그는 이걸 '멀티 플래닛Multi-Planet', 혹은 인류의 '다중 행성' 계획이라고 칭했어요. 지구 외의 다른 행성에도 사람들이 살 수 있게 하겠다고 선언한 거예요. 지구만이 사람들이 살 수 있는 유일한 행성은 아니라는 거죠. 그냥 들으면 황당한 얘기로밖에 안 들릴 거예요. '저 사람 미쳤구나….' 생각하기 십상이죠.

하지만 머스크가 했다면 얘기가 달라져요. 그동안 했던 머스크의 말 중에서 단순히 말로만 끝난 것이 있었나요? 대부분 현실화되고 있는 중이죠. 화성에 식민지를 건설하지 못하더라도 그걸 목표로 시도하다 보면 생각지 않았던 다른 분야에서 긍정적인 파급효과를 얻을 수도 있어요. 아무튼 중요한 점은 머스크는 모든 것을 입으로만 거들먹거리지 않고, 직접 팔을 걷어붙이고 뭔가를 만들어나가려고 한다는 점이에요. 그런 사람이 없으면 세상은 절대로 달라지지 않죠.

그는 인터뷰에서 다음과 같이 얘기했어요.

> "내게 가장 중요한 일은 많은 사람과 화물을 화성으로 보낼 수 있는 기술을 개발하는 일입니다. 그것은 정말 최고로 멋진 일이죠. 나는 화성에서 8만 명이 살아가는 미래를 상상합니다."

화성에 탐사선을 보내든지 혹은 아폴로 시리즈가 달 탐사를 했던 때처럼 몇 명의 사람이 화성에 갔다 오는 것을 목표로 하는 게 아니에요. 화성에 인류의 또 하나의 정착지를 만들겠다는 구상인 거죠. 마치 17세기에 영국의 청교도들이 정든 땅을 떠나 신대륙에 정착한 것과 비교할 만한 일이죠.

마스 원의 '스페이스 원' 프로젝트

머스크가 구상하고 있는 화성 식민지 건설과 밀접한 관련이 있는 프로젝트가 있어요. 화성으로의 이주 프로젝트를 진행하는 회사는 네덜란드의 벤처 회사 마스 원Mars One이에요. 이 회사가 진행하는 프로젝트 공식 명칭은 '스페이스 원'이에요. 머스크만 그런 생각을 하고 있는 게 아니란 얘기죠. 스페이스 원은 2025년에 화성으로 유인 우주선을 보내려는 계획을 갖고 있어요.

마스 원은 스페이스X와는 다른 성격의 회사예요. 직접 로켓을 개발한다든지 우주비행체를 개발하는 등의 일은 하지 않아요. 필요한 장비들은 여러 나라의 회사들을 통해 마련할 계획이죠. 머스크의 스페이스X도 그 회사들 중 하나예요. 마스 원은 스페이스X의 팰컨헤비를 구매하고 싶어 해요. 우주비행체와 화성에 착륙할 모듈도 필요한데, 이것도 스페이스X의 드래곤의 설계를 변경해 쓰려 하고 있죠. 화성 탐사 자동차, 생명유지 장비, 그리고 화성용 우주복 등은 이미 개발되어 있어서 그냥 사다가 쓰면 된다고 해요.

마스 원이 화성으로 갈 사람들을 선발하는 과정은 꽤 흥미로워요. 만 18세 이상인 20여만 명의 지원자 중 엄선한 705명에 대한 심층 인터뷰를 수행했어요. 그다음에는 이 후보자들을 대상으로 지역 선발 과정을 거쳐요. 시청자들이 지역을 대표하는 한 명을

마스 원이 추진하고 있는 스페이스 원 조감도
마스 원은 2025년 첫 화성 이주민을 시작으로,
2033년까지 24명을 보내 화성에 거주하게 할 계획이에요.

뽑을 수 있다는 점이 흥미로워요. 이 스페이스 원이라는 프로젝트의 모든 내용은 텔레비전과 인터넷을 통해 중계될 예정이에요. 그게 이 프로젝트의 수입원이기도 하고요. 일종의 리얼리티 프로그램을 방영하여 번 돈으로 사람들을 화성으로 보낸다고 보면 돼요. 그렇게 해서 네 명으로 구성된 팀을 6개에서 10개 정도 선발해 필요한 훈련을 시킨 후, 나중에 한 팀을 최종적으로 선발해서 화성으로 보내는 거죠. 이 팀들을 선발하는 작업은 2015년까지 완료할 것으로 예상돼요.

마스 원은 어떤 기준으로 사람들을 선발하려고 했을까요? 학력이 높다든지, 아니면 아주 뛰어난 운동 능력을 지녔다든지, 아니면 우주선을 조종하기 위한 특별한 기술적 지식을 지닌 사람일까요? 마스 원의 선발 담당자의 말에 따르면, 가장 중요한 자질은 신체가 건강하면서 머리가 좋은 사람이라고 해요. 좀 더 구체적으로 표현하자면, '무인도에서 영원히 같이 살아도 될 만한 사람'을 찾는다고 해요. 〈정글의 법칙〉 같은 텔레비전 프로그램에 나오는 김병만 같은 사람이라고 할 수 있을까요? 리더십을 발휘해 다른 사람과 신뢰 관계를 유지하고, 조직이 가진 잠재적인 힘을 최대한 끌어내 문제를 해결하는 사람이라고 볼 수 있을 것 같아요. 실제로 미 항공우주국이 우주조종사를 선발할 때도 같은 원칙으로 사람을 선발한다고 해요.

현재 시점의 프로젝트 일정은 이러 해요. 2017년에 무인 탐사

모의 화성탐사 실험에 참가하고 있는 우주인들
러시아와 유럽우주기구ESA가 2010년 공동으로 실시한 '마스 500 프로젝트'에 참가한
우주인들이 우주선 실내를 본뜬 공간에서 무중력 상태에 적응하는 훈련을 하고 있어요.

우주선을 발사시켜 2018년 화성에 미 항공우주국이 개발한 화성 탐사선 피닉스를 화성에 착륙시킬 계획이에요. 지구와 화성 사이의 거리가 멀기 때문에 우주 비행에만 7개월 정도가 걸려요. 그것도 아무 때나 할 수 있는 게 아니죠. 지구와 화성의 공전궤도 상 26개월에 한 번 정도 기회가 오고, 그 기간도 2~3개월 정도에 지나지 않는다고 해요.

스페이스 원 프로젝트가 성공할지 실패할지는 아직 확신하기는 어려워요. '설마 그게 가능하겠어?' 하는 생각이 드는 것도 사실이에요. 머스크도 본인이 추진하는 사업이 아니다 보니 가타부타 말이 없지요. 하지만 머스크는 마스 원이 생각하는 것보다 더 큰 규모의 생각을 하고 있는 듯해요. 한 언론과의 인터뷰에서 기자는 다음과 같이 물었죠.

"과연 팰컨헤비에 타는 사람이 있을까요? 그게 수익성이 있는 사업일까요?"

머스크는 기자의 질문에 이렇게 답했어요.

"21세기 중반이면 지구에서 약 80억 명이 살게 됩니다. 만일 100만 명당 한 명 꼴로 화성에 간다고 하면 그 수는 8천 명이죠. 화성으로 가는 우주여행비를 1인당 5억 5천만 원으로 잡으면 타산은 맞습니다."

스페이스 윈에 20만 명이 지원한 것으로 유추해 보면, 8천 명이 나오지 말란 법도 없는 것 같아요. 물론 5억 5천만 원이라는 돈이 문제가 되기는 하겠지만요.

태양광 발전에 뛰어들다

머스크가 화성에 우주 정착지를 세우는 일을 심각하게 생각하고 있다는 또 다른 증거가 있어요. 바로 솔라시티SolarCity라는 회사의 존재죠. 2006년 7월 4일, 미국의 독립기념일에 머스크의 사촌동생 린던 리브Lyndon Rive가 세운 회사예요. 리브에게 회사를 설립해보면 어떻겠느냐고 사업 아이디어와 회사 설립 자금을 머스크가 제공했으니, 사실상 공동창업으로 볼 수 있죠. 실제로 이후 머스크는 솔라시티의 이사회 의장이 되었어요.

솔라시티는 '태양의 도시'라는 이름처럼, 태양광 발전 사업을 하는 회사예요. 태양광 발전이란, 솔라 셀solar cell이라는 태양 전지를 다량으로 판에 붙여 전기를 만드는 작업이에요. 한번 이 솔라 패널solar panel, 즉 태양광 발전 설비를 설치하고 나면 추가적인 보수가 거의 필요 없고, 햇볕만 있으면 언제든 발전할 수 있다는 장점이 있어요. 무공해 청정에너지의 대표적인 방식으로 인정되고 있어서 지난 몇 년간 급속하게 발전한 분야이기도 하죠.

태양광 산업은 크게 다섯 가지 분야가 순차적으로 연결되어 있는 구조예요. 우선 제일 상류에 폴리실리콘polysilicon이라는 재료를 만드는 회사들이 있어요. 이 재료를 가지고 두 번째 회사들이 폴리실리콘 덩어리인 잉곳ingot이나 얇은 막인 웨이퍼wafer를 만들죠. 이렇게 만들어진 웨이퍼를 가지고 세 번째 회사들이 솔라 셀을 만들어요. 그다음 네 번째 회사들이 나서서 솔라 셀을 병렬로 잔뜩 붙인 솔라 모듈solar module을 만들죠. 그리고 마지막으로 그렇게 만들어진 솔라 모듈을 설치하여 발전을 하는 회사가 제일 마지막 단계에 위치하죠.

5년 전쯤만 해도 태양광 발전 사업, 특히 폴리실리콘을 생산하는 분야나 직접 발전하는 분야는 굉장히 유망할 거라는 예측을 많은 사람이 했어요. 환경 문제를 해결할 수 있는 청정에너지라는 것 때문에 더욱 열풍이 불었죠.

같은 양의 전기에너지를 생산한다고 했을 때, 태양광 발전이 기존의 발전 방식보다 아직은 비용이 더 많이 드는 것도 사실이에요. 그러니 그대로 두면 태양광 발전을 하겠다고 나설 사람이 없겠죠. 그래서 각국 정부들은 보조금 등을 지급하는 방법을 동원해서 태양광 발전 산업을 진작시키려고 했어요. 그렇게 저변이 확보되면 태양광 발전의 사업성도 궁극적으로는 확대될 수 있으리라고 생각한 거죠.

그러다가 전 세계적인 금융위기로 각국의 정부는 지원을 지속할 자금이 부족한 상황에 처했어요. 보조금을 삭감하거나 완전히

솔라시티의 태양광 패널
이렇게 주택이나 빌딩 지붕에 태양광 패널을 설치해서
고객이 건물 자체를 발전소로 활용할 수 있도록 하는 게 태양광 발전 사업이에요.
솔라시티는 미국의 14개 주에서 8만 명 이상의 고객을 확보하고 있어요.

철폐할 수밖에 없었죠. 그러자 후발 주자였던 중국이 대규모 투자 등을 통해 기존 회사들보다 더 싼 값에 부품 및 발전 설비를 제공하게 되면서 태양광 산업의 전 분야는 혹독한 시련을 겪고 있어요. 적지 않은 수의 회사들이 이미 망했거나 아니면 재무적으로 큰 어려움을 겪고 있는 중이고요.

솔리시티가 가진 차별성

머스크의 솔라시티도 그러한 압력으로부터 완전히 자유로울 수는 없겠죠. 그러나 솔라시티는 용케도 그러한 위기를 잘 극복해 나가고 있답니다. 그 비결이 뭘까요? 그건 다른 회사와 구별되는 면모를 갖췄기 때문이에요. 머스크가 소유한 회사답게 말이죠.

솔라시티는 먼저 급속충전소 사업을 해요. 앞에서 테슬라 모터스의 모델 S가 제공하기 시작했다는 바로 그 서비스 말이에요. 그걸 수행하는 주체가 바로 솔라시티예요. 테슬라 모터스가 자리를 잡아갈수록 솔라시티도 같이 성장하는 선순환 구조인 거죠.

솔라시티는 태양광 발전을 통해 전기를 판매하는 것뿐만 아니라, 태양광 패널을 고객맞춤형으로 제작하여 임대하거나 설치하는 비즈니스 모델도 갖고 있어요. 태양광 발전 설비는 초기 설치 비용이 커요. 그래서 한번 설치하고 나면 굉장히 적은 비용으로 전기를 쓸 수 있다는 걸 알면서도 막상 이를 도입하기가 쉽지 않죠. 당장에 큰돈을 지출해야 하니까요. 이 문제를 머스크는 어떻게 해결하려고 했을까요?

머스크의 해결책은 바로 태양광 패널 무료 설치였어요. 돈을 아예 안 받는 거죠. 대신에 20년 동안 태양광 패널 대여료를 받아요. 여기서 중요한 건 그 대여 비용을 일반적인 전기 요금보다 낮게 책정했다는 점이에요.

솔라시티의 태양광 패널을 설치하는 사람 입장에서 보면 당장 돈이 한 푼도 들지 않고, 향후 20년 동안의 전기료가 지금보다 줄어들게 돼요. 같은 양의 전기를 쓰면서 결과적으로는 이전보다 적은 비용만 지불하면 되니 이를 마다할 이유가 없죠. 태양광 발전 사업을 하겠다는 회사는 솔라시티 이전에도 많이 있었어요. 하지만 이러한 무상 설치와 장기 임대 아이디어를 실현한 회사는 솔라시티가 최초예요.

솔라시티 입장에서는 고객이 낼 설치비를 스스로 부담해야 되니까 자금 압박이 컸겠죠. 뱅크 오브 아메리카Bank of America나 유에스 뱅코프U.S. Bancorp 같은 은행으로부터 2조 원 가량의 자금을 유치해 감당하고 있어요. 그 결과, 미국 국방성과 국토안보국, 그리고 이베이, 인텔, 월마트 같은 기업, 그리고 수많은 개인이 솔라시티의 서비스를 이용하고 있지요.

화성에 우주 정착지를 세우겠어

진정한 혁신이란 무엇일까?

"진짜 혁신은 한 분야의 전문가가 아니라 완전히 다른 분야에서
나옵니다."

머스크가 했던 이 말을 잘 새겨두었으면 해요. 전문가라는 사람
들은 한 분야의 지식에 매몰되어 근본적인 해결책을 보지 못하는
경향이 있어요. 머스크가 발전 사업에 경험이 많은 사람이었다면,
과연 솔라시티의 사업 모델을 생각해낼 수 있었을까요? 지금까지
의 엔지니어링 혁신의 역사를 보면 그 가능성은 매우 낮아요. 하
지만 머스크는 열린 사고를 가진 외부인이었기 때문에 오히려 이
러한 해결책을 생각해 낼 수 있었어요.

어쩌면 어떤 사람들에겐 솔라시티가 테슬라 모터스의 사업을
지원하기 위해 설립된 회사인 것처럼 보일지도 모르겠어요. 하지
만 제가 보기에 솔라시티의 궁극적인 목표는 화성 기지로의 에너
지 공급이에요.

화성과 같은 행성에서 쓸 수 있는 에너지원은 몇 가지 안 돼요.
원자력이 아니면 태양광이 될 거라는 말이죠. 전기에너지를 만들
어낼 수 있는 다른 방법들 즉, 화력, 수력, 풍력 등은 행성에서는
쓸 수가 없으니까요. 하지만 원자력 발전 시설은 건설하기가 만만
치 않아요. 방사능으로 인한 잠재적인 위험도 적지 않죠. 그에 비

해 태양광 발전은 태양과 같은 항성이 있는 한 보편적으로 사용할 수 있어요. 지구에서 태양광 발전 사업을 하면서 쌓은 기술과 노하우를 화성 식민지 건설 때도 매우 유용하게 쓸 수 있으리라는 점은 분명하죠. 에너지 공급원을 안정적으로 확보하지 못하는 한 화성 식민지 설립은 실현될 수 없어요.

특허를 신청하지 않은 이유

머스크가 테슬라 모터스의 특허를 돈을 받지 않고 공개했다는 말 기억하나요? 스페이스X나 솔라시티 또한 꾸준한 기술 개발로 남다른 기술을 가지게 되었어요. 과연 머스크는 로켓 기술과 우주선 기술에 대한 특허를 공개했을까요? 아니에요. 하려야 할 수가 없는 상황이었죠. 왜냐하면 특허를 신청한 적이 없기 때문이에요.

'어, 이상한데? 특허를 낼만한 기술이 없어서 그런 건가?' 하고 생각했다면 오산이에요. 미 항공우주국의 10분의 1도 안 되는 비용으로 우주선을 성공적으로 개발한 회사에 왜 그런 특별한 기술이 없겠어요? 특허를 받을 만한 기술은 많이 있지만, 일부러 의도적으로 특허를 신청하지 않았던 거예요. 왜 그랬을까요? 이에 대해서 머스크는 굉장히 솔직하게 말했어요.

"특허를 내면 중국인들이 그걸 이용해 돈을 벌기 때문입니다."

보통 특허를 갖고 있으면 독점적인 권리를 확보하기 때문에 좋을 거라고 생각하죠. 그런 면도 분명히 있긴 하지만 나쁜 면도 있어요. 특허권을 받기 위해서는 상세하게 그 기술이 어떤 것인지를 공개해야 해요. 그러면 후발 주자들은 그걸 공부해서 빠른 속도로 기술 격차를 줄일 수 있게 돼요. 그래서 경우에 따라서는 아예 특허를 신청하지 않고 회사의 내부기밀이나 비법으로 간직하는 편이 더 낫죠.

분명한 것은 머스크는 타고난 엔지니어란 점이에요. 새로운 이론이나 아이디어를 이야기하는 사람은 많아요. 하지만 대부분의 사람은 입으로만 떠들 뿐 그걸 실행에 옮기진 못하죠. 엔지니어에게 아이디어의 구상은 출발점에 불과해요. 그것보다 백 배, 천 배 더 중요한 것은 아이디어를 실천하고 실현하는 일이에요. 그런 점에서 머스크는 존경받을 만한 엔지니어 중의 엔지니어인 거죠.

세 개의 회사, 그리고 한 가지 목표

머스크는 세 개의 회사를 통해 그의 꿈을 실현해가고 있어요. 스페이스X를 통해서 우주선을 개발하고, 테슬라 모터스를 통해 전기자동차를 개발하고, 또 솔라시티를 통해 태양광 발전을 수행하죠. 하지만 목표는 하나, 화성에 사람들이 살 수 있도록 하자는 거예요.

그의 이러한 장대한 계획을 듣다보면, 가슴이 쿵쾅거리지 않나요? 여러분들의 꿈이 머스크와 같아야 할 필요는 없어요. 또, 머스크의 꿈에 비하면 여러분의 꿈이 작게 느껴질 수도 있을 거예요. 하지만 그것 자체는 전혀 문제가 아니에요. 여러분의 가슴을 뛰게 하는 무언가가 있다면 지레 겁먹지 말고 한껏 크게 꿈을 꾸세요. 화성이 아닌 전혀 다른 것이어도 상관없어요. 그리고 그 꿈을 이루기 위한 노력으로 하루하루를 보내세요. 그렇게 되면 사는 게 무척 재미있어져요. 언젠가 여러분 중에 머스크보다 엄청난 엔지니어가 나오게 될 거라고 믿어요.

화성에 우주 정착지를 세우겠어

미국의 우주 개발 역사를 돌이켜 보면 역사란 굉장히 아이러니하단 생각이 들어요. 소련의 우주 개발에 제대로 자극받은 미국은, 1950년대 후반부터 국운을 걸고 우주 개발에 나서죠. 그 결과로 아폴로 시리즈가 탄생하고, 인류 최초로 달 탐사까지 성공해요. 미 항공우주국은 화성을 다음 탐사 목적지로 정하기도 했어요.

그런데 미국이 베트남 전쟁이라는 수렁에 깊게 빠져들면서 우주 개발에 들어가는 천문학적인 비용이 지나치다는 비판을 받게 돼요. 결국 미국 의회는 유인 화성 실험은 허가하지 않고, 대신에 우주왕복선 개발 프로그램을 시도해 보라며 관련 예산을 승인해줬어요. 우주왕복선은 한번 쓰고 버리지 않기 때문에, 비용 면에서도 굉장히 효율적이라는 판단을 했죠. 우주항공 산업에 종사하는 사람들에게 약간은 미안한 마음도 있었고요. 꿩 대신 닭이었지만, 미 항공우주국으로서는 달리 대안이 없었어요.

그런데 우주왕복선을 개발해 놓고 보니, 예상과는 달리 그 비용이 엄청났어요. 그렇게 된 데에는 군사적인 목적을 염두에 두고 우주왕복선을 설계한 탓이 컸지요. 미국 군부는 우주선이 대기권 내에서 자체 비행을 할 수 있도록 요구했는데, 이 때문에 날개가 커지면서 그에 따른 기술적 문제가 까다로워졌어요. 그 이유로 발사 비용이 오르고 감당되지 않자, 미국 정부는 2010년을 끝으로 우주왕복선은 더 이상 개발하지 않기로 결정해버려요. 1호기인 컬

럼비아와 2호기인 챌린저에 발생한 폭발 사고로 우주조종사 안전에도 문제가 있다고 본 것이죠.

막상 우주왕복선 폐기를 결정하자 지구 상공에 띄워놓은 국제우주정거장에 물자와 인력을 수송할 방법이 없어졌어요. 기술적으로 우주왕복선이 구형의 우주로켓보다 훨씬 앞서 있긴 했지만, 거기에 몰두하다 보니 막상 전통적인 전봇대 모양의 우주로켓 기술이 별 볼일 없어진 거였어요. 반면, 그동안 미국만큼 개발비를 마음껏 쓸 수 없었던 소련은 기존의 로켓 기술을 계속 개량해 저비용이면서 고성능의 우주로켓을 보유하고 있었어요.

달리 대안이 없던 미 항공우주국은 소련에서 만든 로켓인 소유즈●에 의존해 국제우주정거장에 물자와 인력을 보급할 수밖에 없게 돼버렸지요. 이런 상황에 만약 소련이 갑자기 이를 거부하게 되면 어떻게 할지 걱정이 되었죠. '빨리 우리 고유의 우주로켓을 다시 개발해야겠다'고 생각했어요. 그렇게 탄생한 것이 미 항공우주국이 추진한 상업용 궤도 수송 서비스 프로그램이었지요. 그러고는 다시 인류의 화성 탐사를 본격적으로 추진하겠다는 계획을 미국 행정부가 발표했어요. 수십 년 만에 원점으로 돌아온 거죠.

미국 입장에서 꼬여 있는 상황은 거기서 끝나는 게 아니었어요. 상업용 궤도 수송 서비스의 다른 회사였던 로켓플레인 키슬러가 외부투자자 영입에 실패하자, 미 항공우주국은 계약자를 오비탈 사이언시스Orbital Sciences라는 회사로 바꿔버렸어요. 이 회사는 안타레스Antares라는 로켓을 개발했죠. 그런데 2014년 10월 28일 발사에서 단 6초 만에 폭발해버렸어요. 폭발 원인을 규명하고 보니, 그 원인이 바로 안타레스에 장착된 러시아에서 만든 로켓 엔진 때문으로 밝혀졌어요.

● **소유즈** 소련의 R-7 로켓 계열의 우주 발사체예요. 소유즈는 '연합Union'을 의미하는 러시아어예요

미국의 최신 로켓에 러시아가 만든 엔진을 쓰는 이유도 마찬가지예요. 액체연료 로켓엔진에서 러시아가 미국보다 몇 수 위다 보니, 비용 측면에서나 기술 측면에서나 러시아에서 만든 엔진을 쓰는 게 최선이에요. 그런데 갑자기 러시아가 로켓 엔진 공급을 거부한다면 어떻게 될까요? 미국 입장에서 매우 심각한 상황이 되겠죠. 그렇다 보니 머스크의 스페이스X에 거는 기대가 더 크기도 해요.

인류의 화성 탐사의 역사는 50여 년에 달해요. 최초로 시도한 건 역시나 당시의 소련이었어요. 소련은 1960년 마스Mars 1960A와 마스 1960B라는 두 개의 무인비행체를 화성으로 날려보냈어요. 1969년까지 소련은 총 9개의 비행체를 화성 탐사 목적으로 발사했죠.

미국도 손을 놓고 있지는 않았어요. 1964년 나사의 제트프로펄션 랩Jet Propulsion Laboratory은 쌍둥이 우주비행체인 마리너Mariner3과 마리너4를 화성으로 날려보냈죠. 이후 미국은 1970년대에 마리너9까지 보내고, 마리너 프로그램은 종료했어요.

마리너의 뒤를 이어 화성 탐사에 나선 우주비행체는 바이킹 프로그램에 속한 바이킹1과 바이킹2였어요. 이들은 특히 화성의 궤도에 머무는 데 그치지 않고 화성에 성공적으로 착륙하여 지표면 사진을 전송하기도 했죠. 이를 통해 화성의 표면은 시각적으로 지구의 암석 사막과 유사하다는 사실이 알려졌어요.

이후에도 다양한 화성 탐사 프로그램들이 추진되었어요. 그중 눈길을 끄는 것으로, 1997년에 화성 표면에 착륙하여 소저너Sojourner라는 무인 로봇자동차를 운용한 마스 패스파인더Mars Pathfinder와, 2012년 8월에 화성 표면에 착륙하여 아직까지도 돌아다니면서 활동하는 무인로봇자동차 큐리오시티Curiosity가 있어요.

큐리오시티

2012년 8월 화성에 착륙한 큐리오시티는 각종 탐사 활동을 벌이며
화성이 인간이 거주하기에 적합한 환경인지 조사하고 있어요.

4

Elon Musk

우주를 넘나드는
초고속 열차를 꿈꾸다

문제보다 중요한 건
해결책이야!

"하이퍼루프는 자동차, 기차, 선박, 비행기에 뒤이은
제5의 교통수단이 될 것이다."

엘론 머스크

스페이스X, 테슬라 모터스, 그리고 솔라시티. 이 세 개의 엔지니어링 회사
를 통해 머스크는 화성에 인류 정착지를 건설한다는 오랜 꿈을 실현해가
고 있어요. 이 회사들이 만드는 우주로켓과 우주비행체, 전기자동차, 그리
고 태양광 발전, 이 세 가지만 있으면 화성에서 살아가는 데 필요한 모든
것을 공급할 수 있을까요? 머스크는 그것이 전부가 아니라고 생각했어요.
그렇다면 무엇이 더 있어야 한다고 생각했을까요?

미래의 초고속 이동 수단을 제안하다

지금부터 하려는 이야기는 아직 현실화되지 않은 개념 단계의 것이에요. 하지만 문제 제기는 있었지요. 2012년 7월, 한 공식 회의에서 머스크가 이 문제를 언급했거든요. 그 후로 스페이스X와 테슬라 모터스의 엔지니어 일부가 가능성을 타진하며 개념을 설계하려고 노력하고 있죠. 그동안 머스크가 진행해온 다른 일들처럼, 대부분의 사람은 이에 대해 "황당하다", "제정신이 아니다", "미쳤다" 등의 반응을 보이고 있어요.

이 프로젝트의 공식적인 명칭은 '하이퍼루프 알파Hyperloop Alpha' 예요. '하이퍼루프'는 고속궤도를 의미하고 '알파'는 첫 번째를 의미하는데 간단히 말하자면 '고속으로 달리는 운송수단'이라고 생각하면 될 것 같아요.

머스크는 도시와 도시 사이의 운송수단을 네 가지로 봤어요. 현재 가장 빠른 건 비행기죠. 그다음으로 기차와 자동차, 그리고 가장 느린 배가 있어요. 배는 강이나 호수 혹은 바다로 연결된 도시의 경우에만 활용할 수 있는 수단이니, 사실상은 세 가지죠. 이들은 각각 장단점이 있어요.

먼저 비행기는 분명히 제일 빠른 수단이에요. 그렇지만 무조건 공항까지 가야지만 탈 수 있다는 불편함이 있지요. 비행기가 뜨고 내릴 때 나오는 소음이 엄청나서, 사람들의 거주 지역에서 가까운 곳에는 공항을 지을 수 없기 때문이에요. 이를 무시하고 공사를 진행했다가 주민들이 거세게 민원을 제기하는 바람에 공항 건설이 무산된 적도 있죠. 그래서 공항은 도시에서 멀리 떨어진 곳에 지어요. 실제로 바다 한가운데 있는 섬인 영종도에 있는 인천국제공항을 생각해보면 잘 이해가 되죠.

그렇게 도심에서 먼 곳에 공항을 짓다 보니 공항까지 가는 게 점차 일이 되어 버렸어요. 공항에서 대기하는 시간 등을 더하면 비행시간 자체는 짧더라도 전체 이동 시간은 훨씬 길어지는 상황이 벌어져요.

비행시간 자체도 그렇게 만족스럽지는 않아요. 직선 거리가 400㎞ 정도인 서울에서 부산까지의 이동을 기준으로 한번 얘기해볼까요? 여객기들의 순항 속도는 시속 평균 800~900㎞ 정도예요. 그런데 이것은 일정 고도 이상으로 올라갔을 때의 경우고, 이착륙을 할 때는 그보다 속도가 느리죠. 특히, 비행기는 착륙할 때가 제일 위험해요. 속도를 충분히 줄이지 못하면 튕겨 나갈 수 있기 때문이죠.

그러나 비행기의 속도를 줄이는 건 자동차의 속도를 줄이는 것보다 무척 까다로운 일이에요. 자동차는 기본적으로 바퀴와 도로의 마찰을 이용해서 달리는 방식이니 속도를 줄이기가 쉬워요. 반면, 비행기는 기본적으로 활공 상태에 있기 때문에 내버려두면 속도가 줄어들기보다는 점점 속도가 빨라지면서 지표면에 접근하게 되죠. 바로 지구의 중력 때문이에요. 속도도 자동차보다 더 빠르기 때문에 관성 에너지가 높아서 속도를 줄이기 더 힘이 들어요. 그러니까 적지 않은 구간을 속도를 서서히 줄이는 데 써야 한다는 얘기죠. 이런 이유로 약 400km의 거리를 비행하는 데 55분의 비행시간이 소요돼요. 평균 속도의 관점으로 보면 시속 436km로 가는 거죠.

여기에 공항까지의 평균 이동 시간 2시간에 공항 수속 및 대기 시간 최소 1시간을 추가하면, 결국 시속 100km에 불과해요. 이렇게 자세히 들여다보면 결코 만족스러운 속도는 아닌 듯해요.

이번엔 기차를 한번 생각해봐요. 우리나라엔 고속열차인 KTX가 있어요. KTX의 공식적인 최고 속도는 시속 305km죠. 그뿐만 아니라, 2010년부터 상용화된 KTX의 개량모델인 KTX-산천은 최고 시속이 352.4km에 달해요. 상용화 전 시험 단계인 고속열차 해무는 최고 시속이 430km, 실제 운행속도는 시속 370km라고 해요. 이 속도로만 운행할 수 있다면 서울~부산 정도의 거리는 비행기보다 더 빨리 이동할 수 있겠죠.

그런데 실제 현재 운행되고 있는 KTX로 서울~부산을 이동하는 데에 걸리는 시간은 2시간 40분 정도예요. 최고 속도에 한참 못 미치죠. 제일 큰 이유는 두 도시 사이를 직통으로 달리지 못하고 중간에 다른 도시에 서야 하기 때문이에요. 기차역은 공항보다 도심에서 접근하기 쉽죠. 그러니까 보통 30분에서 40분 정도면

우주를 넘나드는 초고속 열차를 꿈꾸다

역에서 출발지 혹은 최종 목적지까지 갈 수 있어요. 그 시간을 다 합치면 결국 기차 여행도 4시간 정도가 소요돼요. 총 평균 시속이 다시 100㎞가 되어 비행기와 비슷한 수준인 거죠.

마지막으로 자동차예요. 달리기를 목적으로 개발된 슈퍼카는 시속 500㎞를 넘는 경우도 있지만 그런 속도로 달릴 수 있는 도로는 매우 드물죠. 결국 서울에서 부산까지 운전해서 가거나 버스 전용차선을 이용해 고속버스를 타고 가도 최소 5시간 정도는 걸려요.

엔지니어는 해결책을 내놓는 사람

머스크는 이 시간이 너무 길다고 봤어요. 문제라고 생각한 거예요. 개인적으로 저는 머스크의 이런 생각에 동감해요. 서울에서 부산 정도의 거리를 이동하면 꽤 지쳐요. 만약에 이 거리를 30분 정도에 이동할 수 있다면 어떨까요? 훨씬 편하고 좋지 않겠어요? 그러면서 동시에 안전하고 가격도 싸다면요? 금상첨화겠죠.

이런 생각은 누구나 할 수 있어요. 설이나 추석 명절에 귀경 인파에 휩쓸려 혼쭐이 나면 더 그런 생각이 들죠. 그러나 이 이야기를 꺼내면 대다수의 사람은 "현실적으로 불가능한 얘기야. 어떻게 30분 만에 서울에서 부산까지 갈 수 있겠어?"라고 말해요.

실제로 이를 구현하는 데에 많은 문제가 있다고 말하죠. 이러쿵

저러쿵 말하는 건 참 쉬워요. 누구나 할 수 있으니까요. 하지만 여기에서 엔지니어인 머스크와 보통 사람의 차이가 생겨요. 머스크는 이렇게 말했지요.

"문제가 어떤 것이든 개의치 않습니다. 우리에게 필요한 것은 문제의 해결입니다."

머스크도 한 번에 완벽한 해결책을 내놓을 수는 없어요. 하지만 시도해보지도 않고서 해결책이 저절로 생기는 경우란 사실상 없죠. 테슬라 모터스의 모델 S를 만들 때도 그랬고, 스페이스X의 팰컨9를 만들 때도 그랬어요. 동일한 방식으로 머스크는 해결책을 내놓기 위한 도전을 시작한 거죠.

소리보다 빠르게
질주하는 튜브 열차

"나에게 일이란 창조(creative)의 과정이고
또한 사랑(love)입니다."

엘론 머스크

우리가 일상에서 이용하는 자동차와 기차, 고속열차, 비행기의 속도에 문제를 제기한 머스크는 이제 어떤 행동을 취했을까요? 맞아요. 머스크는 엔지니어다운 해결책을 제시했죠. 머스크는 비행기보다 빠른 고속 튜브 열차를 제5의 교통수단으로 제안해요. 하지만 튜브 열차를 만드는 데에는 많은 장애물과 해결해야 하는 문제가 있어요. 그것이 무엇인지, 머스크는 어떻게 이 문제들을 풀어가려고 하는지 함께 살펴봐요.

LA에서 샌프란시스코까지 35분 만에

머스크의 하이퍼루프 알파 프로젝트는 다음과 같은 계획을 세웠어요. 우선 그가 염두에 둔 지역은 미국 서부의 남북으로 길게 뻗은 주, 캘리포니아예요. 남쪽에는 미국에서 두 번째로 큰 도시인 로스앤젤레스가 있고, 북쪽에는 미국인들이 제일 살고 싶어 하는 도시 샌프란시스코가 있죠.

두 도시 사이의 거리는 대략 570㎞ 정도 돼요. 우리나라의 서울에서 부산까지의 거리보다는 조금 더 긴 셈이죠. 순수 비행시간은 보통 1시간 20분 정도 걸리고, 공항까지의 이동 시간과 수속 시간 등을 더하면 한참 길어지겠죠. 사막 한가운데에 나 있는 직선 도로를 달려 자동차로 가면 쉬지 않고 꼬박 5시간 반 정도 걸려요.

이 거리를 35분 만에 갈 수 있도록 하겠다는 계획이 하이퍼루프 알파의 핵심이에요. 570㎞를 35분 만에 가려면 평균 순항 속도가 시속 960㎞ 정도는 나와야 해요. 현재 여객기들의 순항 속도보다 조금 더 빨라야 한다는 얘기죠.

이 정도 시간이라면 로스앤젤레스에서 살면서 샌프란시스코로 출퇴근하는 게 가능해져요. 당연히 두 도시에 사는 사람들 간의 접촉이나 소통이 많아지겠죠. 그럴수록 새로운 기술과 문명이 더욱 발전하게 된다는 걸 역사가 증명해 왔어요. 하이퍼루프 알파가 도입되면 부수적으로 그러한 효과도 기대할 수 있게 되는 거죠.

우주를 넘나드는 초고속 열차를 꿈꾸다

튜브 안에서 캡슐을 날리다

자, 그러면 어떤 방식으로 평균 시속 960㎞를 달성하는 교통수단을 만들 것인가가 관건이에요. 머스크가 제안한 방식은 이러해요. 먼저 지름이 2.3m 정도 되는 튜브관을 만드는 거예요. 관 안에 사람이 타는 캡슐을 장착하고, 캡슐을 시속 960㎞로 날려버리는 거죠. 구조적으로는 참 단순하죠? 비유하자면 가느다란 빨대 안에 물체를 넣고, 휙 불어 날려버리는 걸 생각하면 돼요.

머스크 이전에 이런 튜브를 이용하는 교통수단을 생각한 사람이 아예 없지는 않았어요. 조지 메드허스트George Medhurst라는 영국의 엔지니어는 1812년에 쓴 책에 튜브 속에 사람이 탑승한 물체를 넣고 바람으로 움직이는 아이디어를 상세히 기술했지요.

한편, 19세기 중엽에 지름 6.7m인 물체 안에 사람을 태우고, 압력을 가해 튜브로 된 550m 가량의 거리를 왕복한 실제 사례가 있었어요. 1년 정도 성공적으로 운행하다가 사용을 중지했다고 해요. 또 20세기 초반에 로켓 개발에 큰 공헌을 한 엔지니어 로버트 고더드Robert Hutchings Goddard도 비슷한 아이디어를 내놓은 적이 있어요. 고더드는 튜브를 진공 상태로 만들자고 제안했어요. 비록 실현된 적은 없었지만요.

튜브를 만들어서 캡슐을 보내는 방식엔 장점이 많아요. 우선 캡슐이 경로를 벗어날 염려가 거의 없어요. 비행기나 배는 실제로

원하는 목적지를 찾아가는 게 단순하지 않거든요. 그에 비해 캡슐은 이미 만들어진 튜브를 따라갈 뿐이니 목적지까지 도착하는 동안에 이탈할 가능성이 매우 적죠.

안전 면에서도 유리해요. 자동차는 옆 차선에서 오는 다른 차와 충돌할 수 있어요. 비행기는 사방 어느 곳에서나 다른 비행기와 부딪힐 수 있고, 추락하면 거의 살아남기 어려워요. 그렇지만 튜브 속의 캡슐은 오로지 같은 튜브 내의 다른 캡슐들과의 충돌만 조심하면 돼요. 비유하자면, 1차원 공간인 직선 위를 한 방향으로 가는 거라고 생각하면 돼요. 앞에 다른 캡슐이 있으면 속도를 줄이면 되고, 뒤에서 캡슐이 다가 오면 속도를 더 내면 되죠. 그에 비해 자동차는 2차원 공간인 평면 위에서 움직이고, 비행기는 3차원 공간을 날아다니니까 훨씬 더 복잡하죠.

공기와의 싸움

이 아이디어가 실현하려면 극복할 장애물이 있어요. 우선 튜브를 건설해야 하죠. 튜브의 건설 비용은 어떤 튜브로 하느냐에 따라 달라질 수 있어요. 제일 중요한 건 바로 캡슐의 구동 방식이에요. 여기에 바퀴를 달아서 달리겠다고 하면 기존의 기차나 자동차와 별로 다를 게 없겠죠? 굳이 튜브를 만드는 이유는 기차나 자동차보다 빨리 가기 위해서예요.

문제는 캡슐이 튜브와 접촉된 상태로는 그런 속도를 내는 게 현실적으로 불가능하다는 거예요. 이것은 단지 엔진의 힘이 약해서가 아니죠. 지금 가진 기술로도 그 이상의 힘을 낼 수 있는 구동 장치는 얼마든지 만들 수 있어요. 하지만 물체의 속도는 어느 한계치를 넘어서면 마찰력이 감소해요. 쉽게 말해 미끄러지는 상태가 되지요. 그렇게 되면 캡슐은 통제 불능상태가 되어 교통수단으로서의 정상적인 기능을 발휘할 수 없게 돼요. 그런 상태에서 발생될 마찰로 인한 마모나 열 등도 큰 문제가 되고요.

그렇기 때문에 빠른 속도를 내려면 우선 캡슐이 튜브와 접촉되지 않도록 캡슐을 튜브에서 띄울 필요가 있어요. 이때 생각해볼 수 있는 가장 유력한 방법이 바로 자기력을 이용하는 거예요. 전자석 양극간의 반발력을 이용하면 열차와 같은 무거운 물체도 공중으로 띄우는 게 가능해져요. 이른바 자기부상열차가 이런 원리를 채택하고 있죠. 독일이나 일본에서는 자기부상열차가 이미 상용화되어 있기도 하고요. 그러니까 적어도 캡슐이 튜브와 접촉되지 않도록 하는 건 전혀 기술적으로나 경제적으로 큰 문제는 아닌 상황이에요.

그런데 그렇게 띄운 캡슐을 고속으로 달리게 하면 다른 난관을 만나요. 속도가 빨라질수록 공기의 저항이 급속도로 커지기 시작한다는 점이에요. 시속 300km 정도의 속도라면 별로 느끼지 못하겠지만, 그 이상으로 가속하면 점점 문제가 돼요. 공기의 저항이 특히 문제가 되는 이유는 뻥 뚫린 공간을 날아가는 것이 아니라 좁은 튜브 속을 따라가야 하기 때문이에요. 저항력이 커지면 더 많은 에너지로 구동해야 하는 문제도 있고요. 또 공기와의 마찰로 인한 발열 문제도 생기죠.

이 문제를 해결하기 위한 하나의 시도는 바로 튜브 안을 진공 상태로 만드는 거예요. 로버트 고더드가 제안한 방법이 바로 이것이었죠. 튜브 안을 진공 상태로 만들 수 있다면 공기의 저항력 문제는 극복할 수 있어요. 진공 상태에서는 한번 가속시켜 놓으면 운동에너지를 감소시키는 힘이 없기 때문에, 굉장히 작은 힘으로도 장거리를 이동할 수 있는 장점도 생기죠. 한마디로 말해 관성 운동 상태가 되는 거예요. 저항력이나 감쇠력*이 전혀 작용하지 않는다면 이론적으로 캡슐은 튜브 안에서 무한한 거리를 이동할 수 있게 돼요.

이론적으로 진공 상태를 만들기는 어렵지 않지만, 실제로 진공 상태를 만들려면 많은 노력이 들어가요. 어떤 물체를 만들어 놓고 펌프를 이용해서 안에 들어 있는 공기를 빼내면 진공 상태가 되는데 문제는 그다음에 생겨요. 튜브 안이 진공 상태가 되면 튜브 안은 압력이 0이지만, 튜브 밖은 공기의 압력을 받아요. 압력 차이

---

* **감쇠력** 물체가 운동할 때 이를 방해하는 힘을 말해요. 일반적으로 감쇠력은 물체의 운동 속도에 비례해요.

가 있는 만큼 튜브는 안으로 찌그러지는 힘을 받게 돼요. 이 힘을 이겨 내려면 튼튼한 재료로 튜브를 두껍게 만들어야 해요. 부피가 커지는 만큼 재료비가 더 들겠죠. 하지만 그 정도의 재료비는 감당할 수 있는 수준으로 보여요.

그보다 더 큰 문제는 진공 상태를 570km 길이의 튜브 전체에 유지해야 한다는 점이에요. 이것은 결코 쉬운 문제가 아니죠. 공처럼 생긴 공간을 진공 상태로 유지하는 건 어떻게든 해볼 수 있어요. 그렇지만 570km 길이의 튜브 전체를 진공 상태로 만들 수 있는 기술은 아직 없어요. 필연적으로 5~10m 정도의 튜브를 만들어서 이어갈 수밖엔 없죠.

그렇게 하다 보면 튜브 사이의 이음 부분에서 공기가 샐 가능성이 다분해요. 게다가 캡슐이 튜브에 들어갔다 나왔다 해야 하는 상황에서 진공 상태를 유지한다는 건 거의 불가능에 가깝죠.

칸트로위츠의 한계를 넘어서

자, 그러면 이제 완벽한 진공 상태는 포기하고 약간의 공기가 남아 있는 상태를 가정해봐요. 그러면 튜브의 곳곳에 설치된 펌프를 통해 공기를 빼내려는 작업은 아주 완벽하게 할 필요가 없어져요. 이것은 현재의 기술로 그렇게 어려운 작업은 아니에요.

완벽한 진공 상태가 아니더라도 공기의 대부분이 빠져나가 있다면 캡슐과 공기와의 마찰로 인한 에너지 손실이나 발열 문제도 최소화할 수 있겠죠. 공기가 희박하지만 완벽한 진공은 아닌 튜브 안에서, 캡슐이 튜브에 접촉하지 않은 상태로 이동해야 하는 상황이 되어야 하는 거예요.

하지만 이것에도 한계점이 있어요. 캡슐과 튜브 사이의 간격이 너무 가까우면, 이 둘이 마치 주사기처럼 되어버려요. 무슨 말이냐고요? 캡슐과 튜브가 서로 접촉되어 있지 않아도 완전히 밀착된 것처럼 튜브 앞쪽의 모든 공기를 캡슐이 앞으로 밀어낸다는 뜻이에요. 그러다 보면 캡슐 앞쪽에 압력이 계속 쌓이고, 결국에는 캡슐의 전진을 방해하죠.

다시 말해 튜브와 캡슐 단면이 만날 때, 상대적인 간극에 따라 캡슐이 낼 수 있는 최대 속도가 있다는 뜻이에요. 이를 '칸트로위츠 한계'라고 해요. 튜브와 캡슐이 가까우면 캡슐의 속도를 포기하거나 아니면 튜브의 단면적을 크게 해야 한다는 뜻이에요.

칸트로위츠 한계 내에서 설계한다면, 결국 튜브의 단면을 굉장히 크게 키울 수밖에 없어요. 튜브의 단면적이 커질수록 튜브 건설 공사는 점점 어려워져요. 비용도 훨씬 많이 들 거고요.

칸트로위츠 한계를 극복하는 방법에는 두 가지가 있어요. 한 가지는 천천히 가는 거고, 다른 한 가지는 역설적으로 아예 빨리 가는 거예요. 여기서 아예 빨리 간다는 건 소리보다도 더 빨리 간다는 뜻이에요. 소리는 상온의 공기 중에서 초속 340m로 움직여요.

우주를 넘나드는 초고속 열차를 꿈꾸다

이걸 시속으로 바꾸면 1,224㎞가 되죠. 캡슐을 초음속*으로 가게 하면 튜브와 캡슐이 서로 가까워도 괜찮아요. '아, 그런 방법이 있었군. 빨리 갈수록 여행 시간이 더 줄어들 테니 그럼 더 좋은 거잖아.'라는 생각이 드나요?

그런데 여기에도 문제가 있어요. 캡슐이 음속**으로 이동할 때 충격파가 발생하거든요. 쾅 하는 소리가 나요. 전투기가 초음속 비행을 시작할 때 나는 소리가 바로 충격파죠. 굉장히 큰 소리가 나기 때문에 여러 가지 문제가 있을 거라는 건 충분히 짐작 가능해요.

그뿐만이 아니에요. 속도가 빠를수록 튜브를 최대한 직선으로 만들어야 해요. 왜냐하면 곡선으로 된 구간에서는 캡슐에 원심력이 작용하기 때문이죠. 원심력이 크면 캡슐이 튜브를 뚫고 나가게 되거든요. 또 한편으로는 탑승한 사람들이 어지러움을 느낄 수 있어요. 놀이동산에서 롤러코스터를 타 봤나요? 롤러코스터가 곡선 구간을 지날 때마다 느껴지는 그 어지럼증이 바로 원심력으로 인한 가속도 때문이에요. 가속도에 질량을 곱한 만큼의 힘을 여러분의 몸이 느끼는 거죠.

결론적으로 지금까지의 이러저러한 문제점을 생각해보면, 칸트

---

* **초음속** 물리학적 개념으로 소리의 속도보다 더 빠른 속도를 말해요.
** **음속** 소리가 매개물을 통하여 전파되는 속도를 말해요.

로위츠 한계를 극복하기 위해 캡슐을 초음속으로 보낸다는 건 현실적으로 택할 수 없는 대안이에요.

엔지니어링은 창조이자 사랑이다

이쯤 되면 '이 문제를 풀 수 없겠구나.' 생각하게 돼요. 대부분의 사람들은 이쯤에서 포기하죠. 마치 이솝 우화에 나오는 〈여우와 신 포도〉 이야기처럼요. 하다가 잘 안 된다 싶으니까, "원래 저 포도는 시어서 먹을 수가 없어." 하면서 스스로를 합리화하고 위로하려는 게 우리 인간의 습성이거든요.

그렇지만 머스크가 왜 머스크겠어요? 고민 좀 해보다가 안 된다고 포기하면 머스크가 아니죠. 앞에서 기술적인 문제들을 조금은 상세하게 쓴 이유도 그거예요. 머스크가 겪었을 그 과정들을 여러분들에게 보여주고 싶었던 거죠.

엔지니어들은 늘 이런 과정을 겪어요. 혹시 기술적인 문제라서 하찮다고 생각했나요? 그런데 그런 기술적인 문제를 해결하지 않고 풀 수 있는 문제가 과연 있을까요? 진짜 의미 있는 일을 하는 사람들이 누구인지 이제 분명해졌을 거예요.

"나에게 일이란 창조(creative)의 과정이고 또한 사랑(love)입니다."

머스크는 언젠가 이렇게 얘기한 적이 있어요. 그는 자신이 문제라고 생각한 것에 대한 해결책을 찾기 위해 창조와 애정의 마음으로 전력을 기울였던 거예요.

머스크가 숨겨놓은
비밀 병기

"정말 중요하다고 생각되는 어떤 일이 있다면
그것을 계속 밀고 나가야 합니다.
난 돈을 더 많이 벌기 위해 이 일을 하는 게 아니에요.
인류의 미래를 위해 정말 중요하다고
생각하기 때문에 하는 겁니다."

엘론 머스크

튜브 열차를 만들기 위한 장애물이 무척 많아요. 머스크는 이 문제들을 어떻게 극복하고, 하이퍼루프 알파를 실현하겠다는 걸까요? 머스크는 구체적인 로드맵을 세우고 있죠. 이것의 작동 원리를 이해하려면 약간은 공학적인 내용도 이야기하지 않을 수 없어요. 다소 복잡하지만 차근차근 따라가다보면 머스크가 구상한 경제적인 튜브 열차, 하이퍼루프 알파를 설계하기 위해 그가 얼마나 고심했는지 알 수 있을 거예요.

자체적인 하나의 운송 시스템

이제 머스크가 내놓은 해결책을 이야기해줄게요. 머스크는 캡슐이 초음속으로 달리는 건 현실적으로 불가능한 일이라고 생각했어요. 위에서 얘기한 문제들 때문이죠. 대신에 그가 제안한 방법은 캡슐의 맨 앞에 압축기 팬을 설치하는 거예요. 이 압축기 팬은 캡슐 앞에 쌓이는 압력을 적극적으로 캡슐 뒤로 보내는 역할을 해요. 주사기로 비유하자면, 주사기 앞쪽 부분에 펌프를 하나 달아서 공기를 인위적으로 빼는 거죠.

캡슐 앞에 압축기 팬을 장착함으로써 다른 중요한 문제 한 가지를 부가적으로 해결할 수 있다는 게 하이퍼루프 알파의 특징이에요. 바로 캡슐을 튜브에서 띄우는 문제를 해결할 수 있죠. 앞에서 언급했던 자기력으로 띄우는 방식은 비용이 만만치 않아요. 튜브도 복잡한 구조로 설계될 수밖에 없고요.

반면, 압축기 팬에서 나오는 공기의 움직임이 있기 때문에 캡슐을 저절로 튜브로부터 띄워놓을 수 있어요. 이른바 공기 베어링●을 설치한 것과 마찬가지 효과를 얻을 수 있죠. 튜브 또한 복잡하지 않은 구조로 만들 수 있다는 장점도 얻고요.

● **공기 베어링** 물체와 물체 사이에 고압의 공기를 불어넣어 두 물체가 접촉되지 않도록 하는 기계장치를 말해요.

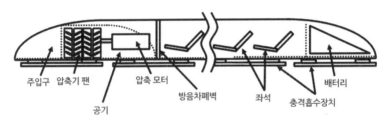

주입구 압축기 팬   압축 모터

공기

방음차폐벽   좌석   배터리

충격흡수장치

하이퍼루프 알파 캡슐 내부 개념 설계도

그렇다면 캡슐에 장착된 압축기 팬은 무슨 에너지로 돌릴 수 있을까요? 머스크의 방안에 따르면 그 에너지는 캡슐에 탑재한 전기 배터리로부터 얻어요. 당연한 얘기겠지만 캡슐은 가능한 한 작고 가볍게 만드는 게 좋아요. 그래야 적은 에너지로 캡슐을 로스앤젤레스에서 샌프란시스코로 보낼 수 있을 테니까요.

현재 하이퍼루프 알파의 개념 설계 방안에 따르면, 앞에는 압축기가 위치하고 중간에 사람이 타는 공간이 있고, 맨 뒤에 전기 배터리를 실을 계획이에요. 머스크가 계산해본 바로는 캡슐 뒤에 싣는 전기 배터리의 에너지로 35분간 압축기 팬을 돌리는 건 전혀 문제가 되지 않는다고 해요.

단, 한 가지 전제가 있어요. 튜브 안에서 캡슐을 이동시킬 때 탑재된 배터리의 전기 에너지를 쓰면 안 된다는 거예요. 만약에 쓰게 되면 에너지가 부족해 구간을 완주할 수 없게 돼요. 그러나 다행스럽게도 이것은 큰 문제가 아니에요. 왜냐하면 테슬라 모터스의 전기자동차에 사용되는 기술을 그대로 가져올 수 있기 때문이죠. 이른바 선형 전기모터*를 활용하는 거예요. 머스크의 계산에 따르면, 매 100㎞마다 설치한 모터로 캡슐을 음속에 가깝게 가속시킬 수 있어요.

---

* **선형 전기모터** 코일을 감은 전기도체에 전기를 흘려보내면 전자기력이 발생하는데, 이를 회전운동으로 바꿔주는 게 일반적인 전기모터가 하는 일이에요. 이를 설계적으로 바꿔 직선운동을 하도록 하는 게 선형 전기모터죠.

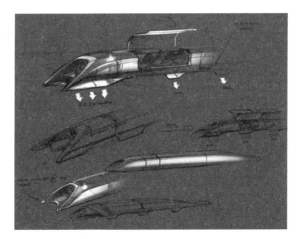

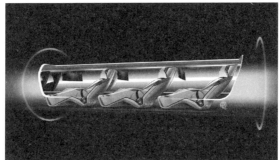

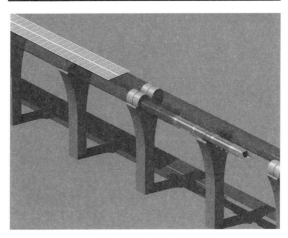

전체적인 하이퍼루프 알파 개념 설계도

모터를 설치해야 하는 구간의 길이는 전체 거리의 1% 정도면 충분하다고 해요. 그렇다면 튜브 설치 비용도 그렇게 부담이 되지 않을 거고요. 그렇다면 튜브에 설치된 선형 모터는 어떻게 에너지를 조달할 수 있을까요? 방법이 있을 것 같다고요? 맞아요. 머스크가 제안한 방법은 튜브 위에 태양광 패널을 붙이는 거예요. 그의 회사 솔라시티가 전문으로 하는 일이죠.

그렇게 생산한 전기 에너지는 양이 충분해서 캡슐에 싣는 배터리를 충전할 수 있는 정도라고 해요. 자체적으로 완결된 외부의 도움 없이 작동되는 하나의 운송 시스템을 갖게 되는 거죠.

하이퍼루프 알파의 경제성

기술적으로 아무리 가능하다 하더라도 경제적으로 타산이 맞지 않으면 새로운 프로젝트가 진행되기는 어려워요. 하이퍼루프 알파를 만들었다 하더라도 비용이 너무 비싸서 아무도 이용하지 않는다면 프로젝트를 시작할 이유가 없겠죠. 사업하는 사람이 손실을 보면서 사업을 지속할 수는 없잖아요. 말 그대로 밑 빠진 독에 물 붓기가 될 테니까요.

그런데 머스크는 하이퍼루프 알파의 1회 이용 요금을 2만 2천 원으로 책정하면 개발 비용 및 튜브 설치 비용을 감당할 수 있다고 생각했어요. 이 정도의 가격이라면 사람들도 얼마든지 이용하려고 할 것 같아요. 서울-부산 간의 비행기 티켓이 8만 원 정도, 기차 티켓이 5만 원 조금 못 미치는 걸 생각하면 경쟁력이 충분하죠. 게다가 훨씬 빨리 가잖아요.

위에서 얘기한 2만 2천 원이라는 하이퍼루프 알파의 탑승 가격이 비현실적으로 낮다고 지적하는 사람들도 있기는 해요. 2만 2천 원이라는 가격은 다음의 가정을 통해 나왔어요. 양쪽 방향으로 하이퍼루프 알파가 운용되어야 하니까 우선 두 개의 튜브를 건설할 필요가 있겠죠. 튜브 한 개 당 3조 3천억 원씩 두 개 하면 6조 6천억 원이 소요된다고 추정했어요. 한번 짓고 나면 최소 20년은 사용할 수 있다고 가정했죠. 그리고 평균적으로 2분에 한 대씩 캡슐을 쏘는 거예요. 정확하게 2분일 필요는 없고, 출퇴근 시간대에는 30초마다 하나씩 발사하고, 덜 붐비는 시간에는 2분보다 긴 간격으로 운행하고요. 그러니까 편도로 1시간에 30대, 하루에 총 720대의 캡슐이 운행되는 거죠. 그걸 20년간 하면 왕복으로 총 10만 번 가량 운행돼요.

각 캡슐에는 평균적으로 28명의 탑승객이 있다고 가정했어요. 그러면 대략 총 30만 명에 달하는 인원을 수송하는 셈이에요. 6조 6천억 원을 30만 명으로 나누면 2만 2천 원이 되죠. 여기에 하이퍼루프 알파를 운영하고 유지하는 보수 비용을 더해야 해요. 캡슐과 튜브를 조정하고 고치는 사람들에게 월급도 줘야 하겠죠. 또, 하루 24시간 내내 캡슐을 운영한다는 가정도 현실과 좀 동떨어졌

우주를 넘나드는 초고속 열차를 꿈꾸다

어요. 새벽 2시 반에 샌프란시스코에서 로스앤젤레스로 가려는 사람이 얼마나 있겠어요?

캡슐 한 개당 28명이 탈 것이라는 가정 또한 매번 28명씩 탄다는 의미가 아니라 평균치라는 것을 감안할 필요도 있어요. 캡슐의 정원은 28명보다 더 많다고 볼 수 있는 거죠. 그런 경우, 2분 안에 승차나 하차를 원활하게 할 수 있겠느냐는 의문이 제기될 수 있어요. 좀 더 근본적으로 6조 6천억 원이라는 튜브의 건설 비용을 너무 낮게 잡았다고 비판하는 사람들도 있지요. 엔지니어들은 실제로 이런 계산을 해요.

엔지니어링은 콜럼버스의 달걀이다

머스크가 제안한 위의 개념 설계를 토대로 현재 '하이퍼루프 트랜스포테이션 테크놀로지스Hyperloop Transportation Technologies'라는 회사에 100여 명의 엔지니어가 일하고 있어요. 사업의 타당성을 검토하고 구체화하는 일을 하지요. 이 회사에서 일하는 엔지니어들은 이 프로젝트에 관심을 갖고 자발적으로 모여든 사람들이에요. 프리랜서로서 자택에서 근무하면서 이메일 등을 통해 함께 일하고 있어요. 월급은 얼마 안 되지만 대신 회사의 스톡 옵션stock option*

---

* **스톡 옵션** 회사의 주가가 올라가면 큰돈을 벌 수 있는 특별한 금융상품을 말해요.

을 받았어요. 이들은 200여명의 지원자 중에서 특별히 선발된 사람들이죠. 엔지니어뿐 아니라 컴퓨터 해석 소프트웨어를 만드는 안시스Ansys라는 회사는 이 프로젝트에 필요한 물자와 돈을 지원하기도 했어요.

만약 하이퍼루프 알파가 현실화되면 이 엔지니어들은 머스크만큼은 아니어도 꽤 많은 돈을 벌게 될 거예요. 실현 불가능하면 어떻게 하느냐고요? 그렇기 때문에 더욱 열심히 해결 방안을 만들

여기서 잠깐

하이퍼루프의 진정한 창시자는 누구일까?

여기서 재미있는 얘기를 하나 해줄게요. 머스크 같은 엔지니어들이 새로운 뭔가를 직접 만들어 보려고 노력을 시작하잖아요? 그러면 어디선가 그 아이디어를 십여 년 전에 이미 생각했다고 주장하는 사람이 나타나요. 본인의 아이디어를 훔쳤다는 거죠. 이번 하이퍼루프의 경우, 매사추세츠공과대학MIT의 교수 어니스트 프랑켈Ernst Frankel이 그 주인공이에요. 1993년에 본인이 그런 생각을 했던 바 있고, 영국 국영방송사와도 인터뷰했다고 주장하죠. 현재 중국과 협의 중이고, 미국 회사에게도 비슷한 제안을 했는데 별로 관심을 보이지 않았다고 주장하고 있어요.

프랑켈의 주장대로 머스크가 프랑켈의 아이디어를 '훔친' 걸까요? 이것이 훔친 아이디어라면, 프랑켈 본인은 고더드의 아이디어를 훔친 게 되겠죠? 다른 예를 들어 볼까요? 인류 최초로 유인 동력 비행기를 만든 사람은 라이트 형제예요. 그런데 유인 동력 비행기가 가능할 거라는 얘기를 하는 사람은 라이트 형제 전에도 존재했어요. 그렇다면, 라이트 형제가 그 사람의 생각을 훔친 건가요? 사람이 날 수 있다는 아이디어를 낸 사람 중에는 15세기의 만능인 레오나르도 다빈치도 있어요.

우주를 넘나드는 초고속 열차를 꿈꾸다

려고 하지 않을까요? 그러다 보면 이전 세대의 사람들이 보기엔 마술 같은 일이 벌어지는 거예요. 이것이 바로 엔지니어링 작업의 정수랍니다.

엔지니어와 이론만 얘기하는 사람의 차이는 콜럼버스의 달걀에 비유할 수 있어요. 콜럼버스가 실제로 지구가 둥글다는 걸 직접 항해로 보여주기 전에도 지구가 둥글다는 주장을 하는 사람들은 있었어요. 그런데 그것을 몸소 행동으로 보여주기 전에는 아무런 의미가 없어요. "난 이럴 거다." 하고 얘기하는 건 쉬워요. 틀려도 상관없으니까 책임질 일도 없죠. 하지만 생각을 직접 구현하는 건 완전히 다른 차원의 이야기예요. 우리에게 중요한 건 바로 이 실행력이죠.

머스크의 본심을 생각하다

이쯤에서 제가 짐작하는 머스크의 본심을 얘기해야 할 것 같아요. 머스크가 공개 석상에서 말한 적은 없지만, 제가 보기에 머스크가 하이퍼루프 알파 프로젝트를 추진하는 이유는, 단지 로스앤젤레스와 샌프란시스코를 오가는 교통 문제를 해결하기 위해서만은 아니에요. 좀 더 큰 계획이 있기 때문에 이 프로젝트를 추진하는 것으로 보여요. 여러분은 그게 무엇인지 짐작이 가나요?

딩동댕! 맞아요. 바로 화성 우주식민지의 기지 사이를 오갈 수 있는 운송수단으로 활용하려는 거예요. 화성 같은 행성에서 전기 자동차를 타고 다닐 수는 있겠죠. 하지만 속도가 그렇게 빠르지 않고 사람과 짐을 한꺼번에 많이 나를 수는 없어요. 그렇다고 기지와 기지 사이를 우주선으로 왔다 갔다 하기도 비용이 부담스럽죠. 비행기는 화성에서 무용지물이기 때문에 사용할 수 없고요. 산소가 없으니까요.

하이퍼루프는 화성에서 정말 요긴하게 쓸 수 있는 수단이에요. 공기를 빼내는 일에 별로 신경 쓰지 않아도 되니까요. 대기가 있기는 하지만 지구보다 희박해요. 그리고 태양광 패널로 에너지를 공급받을 수도 있죠. 또 튜브를 설치하기에도 지구보다 쉬운 측면이 있어요. 지구는 기존의 시설과 건물을 피해 설치해야 하니까 조금씩 곡선이 생길 수밖에 없는 반면, 화성은 황무지이니 거칠 게 없잖아요. 조금 과장하면 그냥 직선을 죽 긋고, 그 자리에 튜브를 설치하면 그만이에요.

그렇다면 처음부터 화성에 설치할 목적으로 개발한다고 밝히지 않은 이유는 무엇일까요? 그렇게 얘기하면 이 프로젝트에 관심을 가질 사람이 아무도 없기 때문일 거예요. 머스크가 열심히 우주로켓과 비행체를 개발하고 있지만, 정말로 화성에 사람이 갈 수 있을까에 대다수의 사람이 여전히 의구심을 품고 있으니까요. 그러니 지금 드러내놓고 얘기해봐야 비현실적이라고 비난받기 딱 좋죠.

우주를 넘나드는 초고속 열차를 꿈꾸다

반면, 샌프란시스코와 로스앤젤레스 사이를 연결한다고 하면 관심을 가질 사람이 많아요. 그 결과 구체적인 기술적 방안이 마련된다면, 설령 지구에 설치하지 않더라도 목표에 다가서는 데에 도움이 되죠. 진짜로 화성에 갔을 때 이미 개발해놓은 기술을 바탕으로 조금만 더 개발하면 될 테니까요. 저는 머스크가 여기까지 내다보고 있다고 생각해요. 아니, 이것 말고도 머스크 머릿속은 꽤 복잡하리라고 짐작해요. '우리가 해결할 문제는 또 뭐가 있을까' 궁리하고 있지 않을까요? 여러분 생각에 머스크가 생각하고 있을 만한 문제가 또 뭐가 있을 것 같나요? 한번 생각해보세요.

머스크는 같이 일하는 엔지니어들에게 꽤 엄하고 혹독하기로 유명해요. 그러는 만큼 굉장히 많은 시간 동안 일해요. 하루에 16시간씩, 일주일에 100시간을 넘게 일한다고 전해져요. 그럴 수밖에 없는 것이 최첨단 엔지니어링 회사 세 개를 직접 진두지휘하고 있으니까요. 그런 걸 보면, 열심히 하지 않고서 무언가를 이루기란 참으로 어려운 일이라는 생각이 들어요. 여러분도 자신의 가슴을 뛰게 만드는 뭔가를 찾게 되면 누가 시키지 않아도 그 일에 몰두하고 몰입하게 되리라 기대해요.

이쯤 하면 머스크에 대한 이야기를 꽤 많이 한 것 같아요. 지금까지 펼쳐놓은 머스크의 이야기를 통해 엔지니어를 꿈꾸는 사람이 많아졌으면 좋겠어요. 여러분, 행운을 빌어요!

"최고의 것을 만들기 위해서는 자신에게 더 엄격해져야 합니다. 잘못된 모든 점을 찾고, 고쳐야 해요. 주위 사람들의 부정적인 피드백을 수용하는 것도 중요합니다."

– 엘론 머스크

특허는 새로운 기술이나 물건, 혹은 그러한 물건의 제조 방법 등을 발명한 사람에게 부여되는 법적인 권리예요. 단지 새롭다는 이유만으로 권리가 부여되지는 않고, 거기에는 만족시켜야 하는 몇 가지 조건들이 따라붙어요. 가령, 자연법칙을 이용한다든지, 기술적 사상을 창작한다든지, 평범하지 않은 고도의 수준이어야 한다고 해요.

특허권은 저절로 생기는 게 아니고, 반드시 출원이라는 신청 과정을 거쳐 특허청에서 심사를 한 후 위에서 얘기한 요건들이 충족될 때에만 부여돼요. 그러고 나면 일정한 기간 동안 그에 대한 독점적인 권리를 누릴 수 있어요. 가령, 우리나라의 경우 특허 출원을 한 날로부터 20년까지 권리가 부여돼요. 그런데 출원 시점부터 특허권이 등록되는 시점까지는 최소 몇 년이 소요되죠. 독점적인 특허권을 가진 기간에 다른 사람이나 회사가 특허권자의 허락을 받지 않고 무단으로 사용하는 경우, 그에 대한 손해를 배상할 의무를 져요.

특허 제도는 당초에 발명을 보호하고 장려하며, 또한 기술을 널리 이용할 수 있도록 하기 위해 만들어졌어요. 기술 발전을 촉진하고 산업을 진작시키려는 의도였죠. 미국의 경우, 영국으로부터 독립하기 전 식민지로 있던 시절에도 주 의회의 청원에 의해 특허권을 부여했어요. 당시에는 특허권의 기간이 14년이었는데, 19세기 중반에 21년으로 늘어났다가 1861년에 17년으로 줄었고, 1995년부터는 우리나라와 같은 20년을 부여하고 있지요.

특허 제도는 분명 발명가와 엔지니어의 권리를 보호하기 위해 생겨났지만, 과연 그 목적이 달성되고 있는지 의문을 제기하는 회의론도 적지 않아요. 초창기에는 발명가들이 엔지니어 개인이었기 때문에 새로운 발명에 대한 충분한 동기 부여가 되었어요. 자신의 발명품에 대한 독점적 권리를 법적으로 보호받을 수 있었으니까요. 그러다가 점점 엔지니어링 작업 자체가 대규모화되고 조직화되면서, 특허를 출원하는 주체가 개인 발명가에서 회사 및 회사의 직원으로 옮겨졌어요. 회사에 소속된 직원이 업무와 관련해 등록한 특허 권리의 대부분은 회사가 가지게 되고, 발명자인 직원은 그다지 큰 보상을 받지 못하는 게 현실이기도 하답니다.

한편, 이미 특정 산업을 장악하고 있는 몇몇 회사들의 경우 특허를 통해 신기술을 개발하겠다는 목적보다는, 향후 생겨날지도 모르는 신규 경쟁자들을 옭아매기 위한 수단으로 이용하기도 해요. 특허를 대량으로 출원하여 오히려 특허 때문에 신기술 개발을 못하거나 정체되는 현상도 생겨나죠.

이에 관해 언급해야 할 게 바로 '특허 괴물[Patent Troll]'이에요. 이들은 물건을 만들거나 판매하는 일 없이 오직 특허권만을 집중적으로 사들여요. 그렇게 확보한 특허권을 바탕으로 전 세계의 기업을 상대로 특허 소송을 벌여서 돈을 벌죠. 이것은 미국에서 시작되었는데, 대표적인 회사로 마이크로소프트와 인텔이 주도해 세운 회사 인텔렉추얼 벤처스Intellectual Ventures를 비롯하여, 인터디지털InterDigital, 램버스Rambus 등이 있어요. 우리나라에도 외국 특허 괴물에 대항하기 위한 목적으로 설립된 인텔렉추얼 디스커버리Intellectual Discovery라는 회사가 있어요.

엘론 머스크 같은
엔지니어를 꿈꾼다면

엔지니어에 대해
알아볼까요?

엘론 머스크와 같은 멋진 엔지니어가 되고 싶다고요? 그렇다면 좀 더 구체적으로 엔지니어가 무슨 일을 하는지, 엔지니어가 되려면 어떤 공부를 해야 하는지, 어떤 능력을 가져야 하는지, 그리고 머스크 외에 다른 유명한 엔지니어는 누가 있는지 등을 알아봐야 할 거예요. 지금부터는 그 이야기를 하나씩 해보도록 할게요.

엔지니어란 어떤 사람인가요?

엔지니어 vs 공학자 vs 기술자

역사적으로 보면 엔지니어engineer라는 말은 뛰어나고 기발한 장치를 만들어내는 사람을 의미했어요. 중세 유럽에서 다른 나라 성을 공격할 때 성벽이나 성문을 무너트리기 위한 고도의 장치들을 '엔진engine'이라고 부른 데에서 유래했죠. 엔진을 만드는 사람이라는 의미에서 '엔지니어'가 탄생했고, 엔지니어가 하는 일이라고 해서 '엔지니어링engineering'이라는 말이 만들어진 거예요.

하지만 우리나라에서는 엔지니어라는 말보다는 기술자나 공학자 같은 말을 더 많이 써요. 기술자가 하는 일에 아무런 흠을 찾을 수 없음에도 불구하고, 기술자라는 말을 들으면 뭔가 열등하고 모자란 느낌을 받아요. 부정적인 의미로 그 단어를 쓰는 사람들이 있기 때문이죠.

한편, 공학자라는 말은 주로 공대 교수들이나 연구소에 소속된 공학 박사들을 가리킬 때 써요. 그런데 공학자라고 하면 뭔가 이론만 읊어대는 느낌이 들어서 영어인 '엔지니어'가 주는 어감이 나질 않아요.

엔지니어는 자신이 선택한 분야의 전문가로서 무엇보다 실무적인 일을 하는 사람이에요. 하지만 아쉽게도 우리말에는 아직 그런 느낌을 전달하는 단어가 없어요. 그래서 저는 기술자나 공학자 대신 '엔지니어'라는 단어를 써야 한다고 생각해요.

요리와 엔지니어링에는 공통점이 많아요. 둘 다 세상이 필요로 하는 무언가를 창의적으로 만들어내니까요. 불과 얼마 전까지만 하더라도, 요리사 하면 뭔가 천한 직업인 것처럼 여기는 풍조가 있었어요. 그런 인식이 하루아침에 바뀌기는 쉽지 않았는데 언젠

엘론 머스크 같은 엔지니어를 꿈꾼다면

가부터 요리사라는 단어 대신에 '셰프chef'라는 단어를 쓰기 시작했어요. 셰프는 요리사를 의미하는 영어 단어이니 둘은 사실 같은 의미를 담고 있죠. 그런데 '셰프'라고 하자 요리사에 대한 사람들의 인식이 달라졌어요. 뭔가 고급스럽고 존경할 만한 전문가로 받아들여지기 시작했죠. 엔지니어에게도 같은 일이 벌어질 필요가 있다고 생각해요.

엔지니어는 어떤 일을 하나요?

엔지니어는 정말 다양한 일을 해요. 엔지니어들이 종사하는 분야가 다양하다 보니 그 모든 일을 언급하기는 쉽지 않지요. 그렇더라도 하는 일의 성격에 따라 범주별로 이야기해볼게요.

제일 먼저 설계design를 해요. 영어로 디자인이라고 하죠. 우리말로는 설계와 디자인이 굉장히 다른 의미로 받아들여져요. 하지만 영어는 이를 구분하지 않지요. 엔지니어가 하는 디자인이 디자이너들이 하는 디자인과 별로 다른 게 아니라는 의미인 거죠. 설계나 디자인이나 이전에 존재하지 않던 새로운 것을 만들어내기 위한 준비 과정이라는 점에선 같아요.

엔지니어들의 설계 대상은 무척 다양해요. 여러분들이 날마다 접하는 거의 모든 물건이라고 해도 무방할 정도죠. 여러분이 사는 집은 건축 엔지니어들이 설계했고, 여러분이 타고 다니는 자동차는 기계 엔지니어들이 설계했고, 여러분이 보고 쓰는 컴퓨터와 스마트폰은 전기 엔지니어들이 설계했어요.

설계는 완전히 자유로운 작업은 아니에요. 무슨 얘기냐 하면, 제약 조건이 언제나 주어진다는 뜻이에요. 그런 점에서 예술가들의 예술 작품과 다르죠. 가령, 자동차의 속도를 높이고 싶다고 해서 무턱대고 배기량이 큰 엔진을 택할 수는 없어요. 그렇게 되면 엔진의 부피와 무게가 커져 생각하던 크기대로 자동차를 만들 수 없게 돼요. 뿐만 아니라 무조건 고성능의 장치만을 고집하다가는 가격이 너무 비싸져서 아무도 살 수 없게 되죠. 엔지니어링에서 경제성을 고려하지 않는 경우란 없다고 봐도 무방해요.

그렇지만, 설계에 한 가지 정답만 있는 것은 아니에요. 이게 과학과 다른 점 중의 하나죠. 만족시켜야 하는 제약 조건들을 다 만족하면서 훌륭한 성능을 발휘할 수 있는 설계안은, 여러분이 각각 다르지만 모두 다 멋있는 사람일 수 있는 것처럼, 여러 개가 있기 마련이에요. 그 각각의 방안은 설계를 직접 수행한 엔지니어의 분신이기도 하죠.

헬리콥터는 이를 보여주는 좋은 예에요. 20세기 초·중반에 헬리콥터의 선구자적인 엔지니어들이 여럿 있었어요. 어떤 식으로 설계하는 게 더 좋겠다고 서로 치열하게 경쟁했죠. 그때 그들이

엘론 머스크 같은 엔지니어를 꿈꾼다면

각각 세운 헬리콥터 회사들은 지금도 창업자의 설계 철학에 따라 새로운 헬리콥터를 개발하고 있어요.

설계보다 큰 범주에서 보면 엔지니어는 개발development을 해요. 개발은 아직 최종 설계안이 확정되지 않은 상태에서 더 나은 해결책을 계속 찾아나가는 작업이에요. 한 번에 만족할 만한 설계안이 나오는 경우란 사실상 없어요. 계속 시행착오를 통해 더 좋은 방안을 찾는 거죠.

이 과정에서 해석이라는 작업이 꽤 중요한 역할을 해요. 영어로 시뮬레이션simulation에 해당하는 해석 작업은 설계안이 어떤 성능을 보일 것인지, 혹은 생각지 못한 문제는 없는지 컴퓨터상에서 확인하고 검증하는 작업이에요.

한편, 아무리 컴퓨터 시뮬레이션이 발전되었다고 해도 실제로 시험제작prototyping해보지 않고서는 그 성능을 확신할 수 없어요. 왜냐하면 컴퓨터상에 숫자로 나타낸 가상의 물체는 실제보다 부정확하기 때문이에요. 시뮬레이션으로는 설계안에 아무 문제가 없어 보여도 실제로는 많은 문제가 있을 수 있어요. 그렇기 때문에 시험제작은 개발에서 굉장히 중요한 부분이에요. 시험제작은 손으로 만질 수 있는 시제품을 직접 만들어보는 작업이에요.

또한, 시험제작된 대상을 시험test 혹은 실험experiment해요. 만들어 놓은 물건이 어떤 성능을 보일지 알려면 직접 평가를 해봐야 하잖아요. 자동차 엔지니어 중에는 이른바 테스트 드라이브만 하는 엔지니어도 있어요. 개발 중인 차량들에 대한 성능을 직접 운전해보면서 평가하는 사람이에요.

위에서 언급한 설계, 개발, 해석, 시험제작, 시험 등은 사실 완전히 분리되지 않는 경우도 많아요. 큰 회사에서 일할수록 범주 중의 하나를 전문적으로 수행하고, 작은 회사일수록 한 엔지니어가 여러 범주를 동시에 수행하죠. 이외에도 생산 기술, 품질, 선행개발, 검사 등 다양한 일이 있어요. 요약하자면, 엔지니어는 전문가로서 먼저 문제를 찾아내고, 이를 해결하기 위한 구체적인 방안을 만드는 일을 해요. 그러한 방안을 설계하고, 개발하고, 해석하고, 시험제작하고, 시험하는 것이죠.

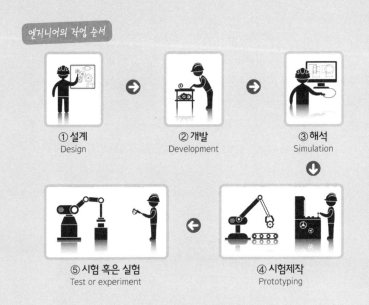

엔지니어의 작업 순서

① 설계
Design

② 개발
Development

③ 해석
Simulation

⑤ 시험 혹은 실험
Test or experiment

④ 시험제작
Prototyping

엘론 머스크 같은 엔지니어를 꿈꾼다면

기업가로 활약하는 엔지니어들

엔지니어가 엔지니어링을 하는 방식에는 두 가지가 있어요. 하나는 회사에 고용되어 직원으로서 일을 하는 것이고, 다른 하나는 직접 자기 회사를 세워 하고 싶은 일을 하는 거예요. 둘 다 보람이 있어요. 회사에서 엔지니어로서 오랫동안 일을 한 후에 그 경험을 바탕으로 나중에 직접 회사를 차리는 일도 미국에서는 결코 드물지 않아요. 특히, 컴퓨터나 소프트웨어를 다루는 엔지니어에게는 그럴 기회가 더욱 많이 주어지죠.

삼성전자는 우리나라 기업 중 제일 큰 곳이에요. 세계 각국에 수출도 많이 하고 전 세계적으로도 사랑받는 회사죠. 그런 회사의 대표이사는 국내외 최고 대학에서 학위를 받은 전기공학 박사이기도 해요. 그 주인공인 권오현 부회장에게 "당신은 엔지니어입니까?"라고 묻는다면, 어떻게 대답할 것 같나요? 물어본 적은 없지만, 제 짐작엔 자랑스럽게 그렇다고 대답할 것 같아요. 그는 엔지니어이면서 회사 경영도 하고 있지요.

그가 엔지니어로 시작해서 같은 회사의 최고경영자의 위치에까지 올랐다면, 다음카카오의 김범수 의장은 남의 회사에서 엔지니어로 일하면서 실력을 쌓아 자기 회사를 차린 경우예요. 김 의장은 석사과정을 마치고 삼성SDS에 소프트웨어 엔지니어로 입사해 약 7년간 일했어요. 그런 후 회사를 그만두고 회사 동료들과 의기투합하여 한게임커뮤니케이션이라는 회사를 세웠는데, 이 회사는 2년 뒤 네이버와 합병하여 NHN이 되었죠. 김 의장은 모바일 메신저 서비스를 제공하는 카카오톡이라는 회사를 만들어내기도 했어요.

그뿐만 아니라 처음부터 자기 회사를 차려 직접 엔지니어링과 기업가의 일을 병행한 사람들도 있어요. 마이크로소프트의 빌 게이츠 회장이 대표적인 예이죠. 사실 가능하다면, 내가 직접 자신의 회사를 세워 일하는 게 재미로나 보람으로나 금전적으로나 바람직해요. 머스크가 그랬던 것처럼요.

석사나 박사 같은 학위가 엔지니어를 만들어주지는 않아요. 공학박사 학위가 있어도 엔지니어가 아닌 사람들이 있고, 공대 교수라고 해서 자동적으로 엔지니어가 되는 것도 아니죠. 역사에 길이 남을 뛰어난 엔지니어 중에는 고등학교도 나오지 않은 사람도 여럿 있어요. 소프트웨어와 하드웨어 분야에서 큰 족적을 남긴 빌 게이츠와 스티브 잡스도 최종 학력은 대학 중퇴에 불과하죠. 이제 엔지니어라는 칭호가 의미하는 게 무엇인지 짐작이 되죠?

엔지니어는 자격증이나 신분 같은 게 아니에요. 전공보다는 스스로 어떤 마음가짐으로 살아갈 것인가가 더 중요하죠. 엔지니어는 기본적으로 허세 부리기를 싫어하고 실질을 추구하는 실용적인 마음가짐을 가져요. 기존의 이론이나 생각이 무조건 옳다고 맹신하기보다는 어떻게 하면 좀 더 현실적으로 발전시킬 수 있을지 생각해 행동에 나서죠. 그러다 보면 시행착오와 실패를 겪을 수 있는데, 그에 굴하지 않고 긍정적인 태도를 유지해요.

만약 위와 같은 마음가짐으로 사는 사람이 있다면, 비록 하는 일이 엔지니어링과 무관하더라도 그 사람은 엔지니어의 마음가짐으로 사는 사람이에요. 가령, 화학 엔지니어링으로 유명한 우리나라 대기업의 한 회장은 대학 때 공학이나 자연과학이 아닌 분야를 공부했어요. 그렇지만 선대가 일군 가업을 물려받아 열심히 독학한 끝에 웬만한 화학 엔지니어들보다 더 전문 지식이 풍부해요. 실용적이면서 실패를 두려워하지 않는 정신으로 회사를 크게 성장시켰죠.

plan1. 마이스터고나 특성화고에 진학하기

고등학교를 졸업하자마자 직접 현장에서 엔지니어로 일하고 싶다면 마이스터고나 특성화고 진학을 생각해볼 수 있어요. '마이스터meister'라는 말은 독일어로 기술이 뛰어난 장인 혹은 명인을 나타내는 말로, 마이스터고는 그만큼 숙련된 엔지니어를 길러내는 걸 목표로 세워진 고등학교에요.

전국에 44개교의 마이스터고가 있는데, 여기에 진학하면 학비가 면제되고 그 외 다양한 특전이 제공돼요. 특히, 마이스터고는 특화된 산업 수요와 연계된 교육 과정을 운용하기 때문에 취업 걱정이 없어요. 2015년 초에 나온 조사 결과를 봐도 평균 취업률이 90.6%에 달할 정도로 높죠.

특성화고 중에서도 엔지니어링 분야에 특화된 학교들도 있어서 이들 학교로의 진학을 고려해볼 수 있어요. 엔지니어링 관련 특성화 분야에는 항공, 정보, 기계, 자동차, IT, 전자, 금속 등의 다양한 분야가 있고요.

그렇지만, 엔지니어가 되는 가장 보편적인 방법은 우선 공대에 진학하는 거라는 걸 부인할 수 없어요.

공대에 진학하기 위해 중고등학교 때 특별히 준비할 일은 없어요. 물론, 엔지니어링 분야에 관심이 있다면 그와 관련된 과목 공부가 도움이 되겠죠. 기계나 전자에 관심이 있다면 물리, 화학 분야에 관심이 있다면 화학 과목을 잘 공부해 두면 좋아요. 수학을 잘하고 좋아하면 당연히 도움이 되지만 반드시 필요한 건 아니에요. 기계, 전자, 컴퓨터 등에서는 수학이 매우 중요한 도구이지만 화학이나 생물 같은 분야에서는 사실 별로 쓸 일이 없기도 하거든요. 그 외에도 상상력을 키워주는 데에 도움이 되는 소설이나 역사, 예술 등의 분야도 공대 진학과는 무관해 보이지만 좋아하는 만큼 나중에 일할 때 도움이 돼요.

공대 안에도 분야가 다양하기 때문에 무엇을 선택해야 할지 고민이 될 수 있어요. 이건 개인적 취향의 문제일 수도 있기 때문에 뭐가 더 좋다, 나쁘다고 얘기하기는 어려워요. 분명한 건, 내가 어느 분야에 좀 더 관심이 가는지를 알 필요가 있다는 거예요. 그러려면 주변의 친척들이나 어른들, 혹은 선배들을 통해 그 분야에 대해서 많은 얘기를 들어보는 게 좋을 것 같아요. 관련된 책을 구해 보는 것도 도움이 되고요.

자 이제, 공대 안에 어떤 분야가 있는지 얘기해볼게요. 공대 안에는 20여 개에 달하는 학과가 있어요. 배우는 내용은 별로 다르지 않은데 이름만 새롭게 바꾸는 경우도 많아서 요즘엔 더 많아졌죠. 여러 갈래의 잔가지들을 치고 나면 크게 아래 네 가지 정도의 큰 줄기를 찾을 수 있어요.

기계 계열 | 기계공학과, 토목공학과, 건축공학과 등

기계 계열 학과에 진학하면 우리가 살면서 만지고 느낄 수 있는 고체, 액체, 기체를 엔지니어링 대상으로 삼는다고 이해하면 돼요. 그러면 토목공학과나 건축공학과도 광의의 기계 계열에 포함된다고 볼 수 있죠.

일부 대학에는 다루는 대상을 좀 더 좁게 잡기도 해요. 항공공학과나 해양공학과, 자동차공학과 같은 학과들이 그런 곳이에요. 배우는 내용에서 큰 차이는 없지만, 학과 이름이 그렇다 보니 나중에 취업을 할 때 회사에 지원할 수 있는 선택의 폭이 좁은 반면, 특정 회사의 경우에는 그 점이 오히려 강점이 되는 경우도 있어요.

전기 계열 | 전기공학과, 전자공학과, 핵공학과, 컴퓨터공학과 등

다음은 전기 계열이에요. 전기와 전자, 그리고 양자를 엔지니어링의 대상으로 삼죠. 그렇기 때문에 넓게 보면 핵공학과나 컴퓨터공학과를 포괄한다고 볼 수 있어요. 학과를 계열로 분류하는 게 그렇게 칼로 무 자르듯 되지는 않아요.

가령, 컴퓨터공학과는 전기 계열이면서 동시에 뒤에서 얘기할 기타 계열의 성격도 꽤 강하죠. 핵공학과도 반쯤은 기계공학과의 성격이 있고, 바로 뒤에 나올 화학공학과는 배우는 내용의 적지 않은 부분이 기계공학이에요.

전자공학과 얘기가 안 나와서 어리둥절한가요? 우리나라 대학은 전기공학과 전자공학을 나누는 데도 있고 합쳐놓은 데도 있는데, 외국 대학의 경우 보통 합쳐진 곳이 일반적이죠. 전기·전자공학과에선 크게 보아 하드웨어, 소프트웨어, 그리고 통신 등을 배워요.

화학 계열 | 화학공학과, 공업화학과, 재료공학과, 생물공학과 등

그다음 화학공학과를 필두로 하는 화학 계열이에요. 물리가 아닌 화학 등의 원리를 엔지니어링에 적용하는 분야로, 공업화학, 재료공학, 석유공학, 생물공학 등이 속한다고 볼 수 있어요. 화학공학과 공업화학의 차이가 혹시 궁금한가요? 아주 간단한 답변으로 공업화학은 화학이고, 화학공학은 물리라고 보면 돼요. 그러니까 공업화학이 새로운 화학물질을 만들어내는 데에 관심이 있다면, 화학공학은 기존의 화학 물질을 공장에서 대량으로 생산하는 기계적 생산 과정에 관심이 있어요. 앞에서 화학공학은 반쯤 기계공학이라고 한 이유가 바로 이 때문이에요.

엘론 머스크 같은 엔지니어를 꿈꾼다면

기타 계열 | 산업공학과, 경영과학과 등

마지막으로 기타 계열이에요. 기타 계열에 속하는 과로 산업공학과나 경영과학과, 그리고 산업공학의 한 분파를 다루는 금융공학과가 있어요. 산업공학과 경영과학은 이름은 달라도 거의 동일한 분야예요. 이들의 공통적인 특징은 다루는 대상이 물리나 화학에서 다루는 물리적 대상이 아니고 뭔가 추상적인 것들이라는 점이에요. 수학과 통계를 주요 원리로 쓴다는 공통점도 갖고 있죠. 물리나 화학은 별로 내키지 않는데 수학은 굉장히 좋더라 하는 학생이 있다면 기타 계열과 잘 맞을 가능성이 커요. 반면, 이쪽을 공부한 사람들의 경우, 아무래도 물리적 대상을 다루지 않아서인지 다른 분야의 엔지니어들보다 구체적이지 않고 피상적인 경향을 띨 수 있어요.

수학이나 과학을 전공해도 엔지니어가 될 수 있을까?

수학이나 물리, 화학, 혹은 생물 등을 학부 때 공부해도 엔지니어가 될 수 있을까요? 쉽게 말해 자연과학대로 진학해도 엔지니어가 될 수 있냐는 질문이에요. 간단한 대답은, 그렇다예요. 바로 머스크가 산 증인이죠. '나는 우선은 원리를 배우고 싶은데….'라고 생각한다면 얼마든지 자연과학대로 진학해도 괜찮아요. 공대를 가도 그 원리는 똑같이 배우지만, 엔지니어가 되는 것에 대한 확신이 없다면 학부로 자연과학대를 선택하는 건 문제되지 않아요.

단, 제약이 조금 있을 거라는 얘기는 해야 할 것 같아요. 엔지니어링과 과학은 지향점이 생각보다 많이 달라요. 엔지니어링은 언제나 현실 세계에서 해결책을 찾으려고 해요. 반면, 과학은 현실보다는 이론 세계에서 완벽을 찾으려고 하죠. 본인의 성향이 아무리 실용적이라고 하더라도, 자연과학대로 가면 주변 사람들의 성향이 그렇지 않기 때문에 적응하는 데 어려움을 겪을 수 있어요. 그 사람들은 최고보다는 최초를 추구하는 사람들이니까요.

---

plan 3. **대학을 졸업한 후에는?**

그렇다면 엔지니어가 되려면 학교에서 얼마나 오랫동안 공부해야 할까요? 실제로 학부를 마치고 엔지니어의 삶을 시작하는 사람도 있고, 석사나 박사를 마치고 시작하는 사람도 있어요. 정답은 없는 것 같아요. 공부하는 게 재미있으면, 그리고 공부할 여력이 된다면 박사까지 한 번에 공부하는 것도 가능해요. 한편, 엔지니어로서 일을 좀 하다가 다시 필요를 느껴 석사나 박사 과정을 밟는 것도 결코 나쁘지 않아요. 제가 본 바로는 실무를 해본

적이 있는 사람과 없는 사람의 차이는 매우 커요. 학위 자체가 최종 목표가 아니라면, 실무 경험을 쌓은 후에 다시 공부하는 쪽이 더 효과적이에요.

그런 점에서, 학부만 마치고 무조건 취직하겠다는 게 아니라면 학부 때에는 보편적인 학과를 택하는 게 더 나을 것 같아요. 그러니까 항공공학과를 택하기보다는 기계공학과를 택하는 편이 안전하다는 얘기예요.

기회가 된다면 외국에서 공부해보는 것도 좋아요. 엔지니어의 지식은 세계 어디서든 통용되는 전문 지식이기 때문에 외국인과 같이 일할 기회는 물론 외국에서 일할 기회가 생각보다 잦아요. 미국 같은 나라에서는 학부 전공으로 엔지니어링을 했다고 하면, "오…." 하는 반응을 보여요. 공부하기가 쉽지 않아서 보통 5년 만에 졸업하거든요. 그럼에도 불구하고 이를 택했다는 건 스스로에게 자신이 있는 사람이라고 생각하죠. 아무나 할 수 없는 선택이라고 인정하는 분위기예요.

plan4. **더 좋은 엔지니어가 되기 위해 유학을 가고 싶다면?**

전 세계적으로 봤을 때, 엔지니어가 맹활약하는 나라를 꼽으라면 미국과 독일, 그리고 프랑스 정도를 뽑을 수 있을 것 같아요. 모두 최고의 선진국이죠. 그런 나라들이니만큼 훌륭한 엔지니어를 길러내는 걸로 유명한 대학이 많아요.

특히 미국에는 좋은 학교가 많아서 몇 개를 꼽기도 쉽지 않아요. 우선 매사추세츠공과대학[MIT]이 있어요. 이 학교는 미국 동부의 보스턴에 있는 대학으로 최고 수준의 엔지니어링 스쿨 외에도 자연과학이나 경제학, 경영학 등의 분야에서도 실력을 알아줘요. 원리는 둘째 치고 우선 만들고 본다는 식의 실무적인 학풍으로 유명하죠. 엔지니어링 관점에서 그러한 배움은 결코 나쁜 게 아니에요.

다음으로 캘리포니아 버클리대학교UC Berkeley가 있어요. 버클리는 미국 서부 샌프란시스코 바로 옆에 있는 도시로, 미국 진보 진영의 교두보와 같은 역할을 수행해온 곳이에요. 그런 만큼 학교 분위기는 굉장히 자유롭고 격식이 없죠. 한동안 교수들이 미국 군수 산업과 관련된 연구는 전적으로 거부하기도 했었어요. 하지만 학풍은 단단한 이론과 그에 바탕을 둔 응용을 강조하는 쪽으로 학문적 엄격함을 중시하지요. 엔지니어링 분야에서 뭔가 새로운 이론이 나왔다면 UC 버클리에서 나왔을 가능성이 꽤 높아요.

이외에도 UC 버클리의 인근에 위치한 실리콘밸리에 있는 스탠포드대학교나 로스앤젤레스 근방의 파사데나에 위치한 일반적으로 칼텍Caltech이라고 부르는 캘리포니아 공과대학교 등도 좋은 학교라고 알려져 있어요.

독일은 전반적으로 수준이 높은데, 그중에서도 아헨Aachen 공과대학교가 제일 유명해요. 독일은 학비가 없는 대신 졸업하기가 무

엘론 머스크 같은 엔지니어를 꿈꾼다면

척 어려워요. 시계 등의 정밀기계로 유명한 스위스에 ETH 취리히라고 부르는 취리히 연방공과대학교도, 엔지니어링과 자연과학으로 유명한 학교예요. 아인슈타인이 졸업한 학교이기도 하죠. 프랑스는 앞에서도 얘기한 에콜 폴리테크닉의 명성이 높아요.

plan5.　자격증을 따서 엔지니어가 될 순 없나요?

　엔지니어 자격증이 있긴 있어요. 예를 들어, 기능사, 산업기사, 기사, 기능장, 그리고 기술사 자격증 시험을 국가에서 주관해요. 기능사는 아무런 경력이나 학력이 없어도 응시할 수 있고, 뒤로 갈수록 실무 경력 연수가 충족되어야 지원할 수 있어요. 최고 등급인 기능장과 기술사는 실무 경력으로 최소 9년 이상의 경력이 있어야 지원할 수 있죠.

　이러한 자격을 요구하는 경우도 있지만, 자격이 없어도 이전 경력과 학력, 그리고 학위 등으로 엔지니어로 일하는 데에 아무런 제약이 없는 경우도 흔해요. 분야와 역할마다 차이가 있어요. 실무 경력이 충분한 경우, 자격이 필요하다면 그때 시험봐서 얻어도 돼요. 그러니까, 꼭 필수적인 건 아니라고 정리할 수 있어요.

공대를 나오면 반드시 엔지니어가 될까요?

자신의 관심과 소질은 공과대학에 진학해서 엔지니어링 공부를 해보고 싶지만, 그것 말고도 잘할 수 있는 일이 많거나 다른 분야에도 관심이 가요. 이럴 때 이거 아니면 저거라는 식으로 둘 중 하나를 꼭 선택해야 한다고 생각하는 경우가 많죠. 대학에 갈 때 어떤 전공을 고르느냐에 따라 인생이 완전히 달라질 것처럼 말이에요. 그런데 사실 꼭 그렇지는 않아요.

나중에 엔지니어로 일하지 않는다고 하더라도 엔지니어링 분야에 어느 정도 이상의 관심이 있다면 학부를 공대로 진학하는 것이 결코 나쁜 선택은 아니에요. 학부를 마친 후에 좀 더 엔지니어링 관련 전문 지식을 쌓고 싶다면 공부를 계속하면 되고, 다른 분야에 대한 지식을 쌓고 싶다면, 다른 분야 대학원에 진학하면 돼요. 쉽게 말해서, 공대를 간다고 해서 엔지니어 외의 다른 일을 할 수 없는 게 아니라는 거죠.

좀 더 자세히 말하자면, 다른 일을 하는 데 아무 지장이 없는 정도가 아니라 오히려 더 도움이 되는 경우가 많아요. 가령, 미국에서 비즈니스스쿨에 진학한 사람의 대다수는 공대 학부를 졸업한 사람이에요. 이는 어찌 보면 너무나 당연한 일이죠. 회사의 중간관리자, 나아가 경영자가 되려면 그 산업의 기술적인 부분을 당연히 잘 알아야 하니까 공대에서 학부를 마친 후에 경영대학원에 진학하는 건 하나의 자연스러운 과정으로 볼 수 있어요. 이렇게 되면, 엔지니어링 지식과 경영에 대한 지식을 골고루 갖춘 경쟁력 있는 사람이 될 수 있죠.

그런 대표적인 예로 전략컨설팅사의 컨설턴트를 들 수 있어요. 전략컨설팅사는 회사나 단체가 더 성장하고 발전할 수 있는 방안, 즉, 전략을 짜주는 일을 하는 회사로, 맥킨지, 보스턴컨설팅그룹, 베인 등이 유명해요. 이들 회사에는 공학 박사와 공대 학부를 졸업한 사람이 많아요.

　마지막으로 머스크 외에 다른 유명 엔지니어들을 간단히 소개할게요. 그런데 그전에 한 가지를 분명히 하고 싶어요. 여러분이 보통 과학자 혹은 사업가로 알고 있던 사람들이 사실은 대부분 엔지니어란 점이에요. 앞에서도 말했지만, 엔지니어가 회사의 경영자가 되는 건 지극히 자연스러운 일이에요. 과학자라는 칭호를 갖고 있는 사람 중에도 적지 않은 이가 엔지니어고요. 이게 무슨 소린지 잘 이해가 되지 않을 수도 있을 텐데, 이에 대한 책들도 여럿 있으니 나중에 기회가 되면 한번 찾아서 읽어 보길 추천해요.

a. 화학 엔지니어의 롤모델_알프레드 노벨 (1833~1896)

　구글에서 '알프레드 노벨'을 검색하면 '스웨덴의 과학자'라고 나와요. 우리나라에서 노벨은 과학자로만 돼 있죠. 그런데 영어 위키피디아 영문판에서 노벨을 찾아보면, '화학자, 엔지니어, 혁신가, 무기제조업자'라고 나와요. 그는 과학자이기보다는 엔지니어이자 사업가예요. 공식적인 학력은 없어요. 문하생으로 들어가 허드렛일을 하면서 일을 배웠죠.

b. 토목 엔지니어의 롤모델_귀스타브 에펠 (1832~1923)

프랑스 파리의 상징하는 건축물인 에펠 타워를 알죠? 에펠 타워를 설계한 프랑스인 귀스타브 에펠은 토목 엔지니어이자 건축가예요. 그런데 위키피디아 한글판에서 에펠을 찾으면 건축가라고만 나오고 토목 엔지니어라고는 안 나와요. 웃기는 일이죠. 에펠은 '에콜 센트럴 파리École Central Paris'라는 엔지니어링으로 알아주는 대학을 졸업했어요.

그는 토목 엔지니어로서 프랑스 철도망을 연결하는 주요 다리들을 설계하면서 명성을 쌓았어요. 잘 안 알려져 있지만, 1881년 에펠은 미국 자유의 여신상의 구조를 설계한 사람이기도 해요. 에펠이 바람으로 생기는 구조물의 저항력에 특히 경험이 풍부하기 때문에 그 일을 맡았죠. 또한, 에펠 타워 건립 이후에 파나마 운하의 설계와 건설을 맡아 진행했어요. 워낙 어려운 공사인 탓에 마치지 못하고 중간에 손을 떼게 됐지만요.

엘론 머스크 같은 엔지니어를 꿈꾼다면

c. 전기 엔지니어의 롤모델 _ 조지 웨스팅 하우스
(1846~1914)

다음은 철도용 공기브레이크를 발명한 조지 웨스팅하우스^{George Westinghouse}예요. 웨스팅하우스 역시 노벨처럼 공식적인 학력은 없어요. 학력과 훌륭한 엔지니어 사이에 그다지 밀접한 관계가 없다는 얘기죠. 웨스팅하우스의 아버지는 기계공작소 주인이었는데, 어려서부터 웨스팅하우스는 기계와 사업에 소질을 보였다고 해요. 20세 때 회전식 증기 엔진을 혼자서 만들어 냈죠.

웨스팅하우스는 무엇보다도 토마스 에디슨과 벌였던 '전류 전쟁'으로 유명해요. 에디슨은 직류전기를 주장했고, 웨스팅하우스는 니콜라 테슬라가 만들어낸 교류전기를 주장했어요. 에디슨이 굉장히 치사한 방법까지 동원해 웨스팅하우스와 테슬라를 방해했지만, 결국 교류전기가 채택돼 오늘날까지 이어지고 있죠. 만약에 그때 에디슨의 직류전기가 채택됐다면 오늘날 우리는 효율적인 송전 방식을 누리지 못했을 수도 있어요.

d. 기계 엔지니어의 롤모델_
헨리 포드 (1863~1947),
페르디난트 포르쉐 (1875~1951)

다음은 미국의 자동차회사 포드의 창업자인 헨리 포드_{Henry Ford}

예요. 포드는 자동차 산업의 역사, 나아가 기업의 역사에서 큰 발

자취를 남긴 사람이죠. 포드 또한 공식 학력은 없어요. 흔히 말하

는 고졸이에요. 농부였던 포드의 아버지는 포드가 농장을 물려받

기를 원했지만, 그는 한평생 농사를 지으며 살고 싶지는 않았어

요. 17세 때 집을 홀로 떠나 엔지니어 견습생으로 있으면서 기술

을 배운 게 전부였죠. 포드는 20대 후반부터 30대 중반까지 토마

스 에디슨의 회사에서 근무했어요. 1893년에는 수석 엔지니어의

자리에 올랐죠.

포드는 자동차를 최초로 만든 사람도 아니고, 공장의 조립 라인

을 최초로 생각해낸 사람도 아니에요. 그렇지만, 그는 그 두 가지

에 최고의 사람이 되었어요. 포드 때문에 보통 사람들이 자동차를

소유하고 타고 다닐 수 있게 됐다는 말은 결코 과장이 아니에요.

그의 혁신적인 생각과 과감한 실행력 덕분에 오늘날의 자동차 산

업이 생겨나게 됐으니까요.

포드와 동시대의 또 한 사람의 기계 엔지니어 얘기도 빼놓을 수

없어요. 페르디난트 포르쉐가 그 주인공이에요. 독일의 스포츠카

회사 포르쉐의 창업자죠. 포르쉐는 지금의 체코인 오스트리아-

엘론 머스크 같은 엔지니어를 꿈꾼다면

헝가리 제국에서 태어났어요. 그는 고향에 있는 왕립기술학교를 졸업했고, 더 이상의 공식적인 학력은 없어요. 보통 그를 가리켜 포르쉐 박사라고 부르는데, 그는 박사 학위를 받은 적은 없고 나중에 두 군데의 대학에서 명예박사 학위를 받은 게 전부예요. 그렇지만, 정식 박사 학위가 있는 사람들을 능가하는 엄청난 엔지니어였죠.

포르쉐가 설계하고 만들어낸 유명한 자동차나 기계장치는 한두 가지가 아니에요. 그의 나이 19세 때, 가솔린 엔진과 전기모터를 결합한 세계 최초의 하이브리드 자동차를 개발했고, 1930년대에 독일의 국민차라고 불렸던 딱정벌레 즉, 비틀Beetle을 개발했어요. 비틀이 워낙 인기가 있어서 독일의 자동차회사 폭스바겐은 지금도 뉴 비틀, 더 비틀이라는 이름으로 자동차를 생산하고 있죠. 포르쉐는 독일 나치 정권에 협력했다는 이유로 제2차 세계대전이 끝나고 몇 년 간 프랑스의 감옥에 갇혀 지내기도 했어요.

e. 반도체 엔지니어의 롤모델_앤드류 그로브 (1936~)

다음은 반도체 산업의 대부라고 할 수 있는 헝가리 태생의 화학 엔지니어, 앤드류 그로브Andrew Grove예요. 그로브는 반도체 칩 회사 인텔Intel의 창업 시점부터 엔지니어링 임원, 최고경영자, 그리고 이사회 의장을 거치며 회사를 키워 오늘날에 이르게 한 사람이에요. 어릴 때 독일 나치 치하에 살았고, 21세 때 공산주의 국가 헝가리를 탈출해서 미국으로 건너갔어요. 뉴욕시립대학교에서 화학공학으로 학사를, 캘리포니아 버클리대학교에서 같은 전공으로 박사 학위를 받고, 반도체회사 페어차일드Fairchild에서 엔지니어로 약 5년간 일하다가 인텔의 세 번째 직원이 되었죠.

그로브는 대량생산으로 오늘날의 반도체 산업을 일궈낸 사람으로 평가받아요. 여담이지만, IT 산업의 선구자인 스티브 잡스가 애플에서 쫓겨났다가 다시 최고경영자로 돌아오라는 제안을 받았을 때, 제일 먼저 조언을 구한 사람이 바로 그로브라고 해요. 잡스가 그로브를 자신의 영웅으로 여기고 존경했기 때문이죠.

f. 소프트웨어 엔지니어의 롤모델 _ 에릭 슈미트 (1955~)

다음에 소개할 엔지니어는 IT 분야의 거대 기업 구글의 최고경영자이자 이사회 의장으로 활동해온 에릭 슈미트Eric Schmidt예요. 슈미트는 소프트웨어 엔지니어죠. 프린스턴대학교에서 건축을 공부하다가 나중에 전공을 바꿔 전기공학으로 학사 학위를 받았고, 캘리포니아 버클리대학교의 전기공학과 컴퓨터과학과에서 석사와 박사 학위를 받았어요. 벨Bell 연구소, 제록스Xerox 등에서 실무 경력을 쌓고, 공학용 워크스테이션 시장을 주름잡던 썬 마이크로시스템스Sun Microsystems의 첫 번째 소프트웨어 매니저로 자리를 옮겼어요. 그 후 썬 마이크로시스템스

엘론 머스크 같은 엔지니어를 꿈꾼다면

의 소프트웨어 엔지니어링 임원을 거쳐 사장을 지냈고, 이어 또 다른 소프트웨어 회사 노벨Novell의 최고경영자 및 이사회 의장을 지내다가 구글로 자리를 옮겼어요.

슈미트는 굳이 엔지니어가 스스로 창업하지 않더라도 커다란 족적을 남길 수 있다는 하나의 모범적인 사례 같아요. 착실하게 엔지니어로서의 실력과 경력을 쌓아 회사의 임원과 최고경영자가 되었고, 그 능력을 인정받은 끝에 구글의 대표가 되어 기업의 엄청난 성장을 이끌었죠.

g. 인공지능 엔지니어의 롤모델 _ 레이 커즈와일 (1948~)

각 분야별로, 또 시대별로 유명한 엔지니어들을 어느 정도는 소개한 것 같아요. 그렇지만, 제가 개인적으로 대단하다고 생각하는 또 한 명의 엔지니어를 소개하고 싶어요. 바로 레이 커즈와일Ray Kurzweil이에요. 커즈와일의 아버지는 지휘자였고, 어머니는 예술가였어요. 벨 연구소에서 엔지니어로 일하던 삼촌이 어렸을 때부터 그에게 컴퓨터 엔지니어링을 가르쳐 13세부터는 컴퓨터를 직접 만들었다고 해요.

커즈와일은 매사추세츠공과대학교에서 컴퓨터과학으로 학사 학위를 받았어요. 그게 학력의 전부이고, 박사 학위 같은 건 없어요. 그렇지만 그동안 엔지니어로서 이뤄낸 일을 보면 엄청나요. 광학 방식의 글자인식기, 스캐너, 음성인식 프로그램 등을 만들어

냈고, 인공지능과 로봇에 관한 사상을 주도해왔죠.

제가 커즈와일을 좋아하게 된 이야기가 있어요. 커즈와일이 35세 되던 해에 유명한 흑인 뮤지션 스티비 원더를 만났는데, 원더는 커즈와일에게 제대로 된 전자 신디사이저가 없다고 불평했다고 해요. 컴퓨터가 낼 수 있는 음악 소리가 실제 악기 소리보다 너무 나쁘다는 걸 지적한 거죠.

그 얘기를 듣고 커즈와일은, '내가 전자악기 회사를 하나 만들어야겠다'고 결심해요. 그렇게 해서 생긴 회사가 커즈와일 뮤직 시스템스Kurzweil Music Systems예요. 이 회사가 만드는 커즈와일 키보드는 전문적인 뮤지션들이 애용하죠. 프로 음악가들도 이 커즈와일 키보드에서 나오는 소리와 진짜 악기에서 나오는 소리를 구별하지 못할 정도로 잘 만들어서, 당초 불만을 제기했던 스티비 원더도 엄지 손가락을 들어 올렸다고 해요. 나중에 커즈와일은 이 회사를 우리나라의 영창악기사에 비싼 값에 팔았어요. 엔지니어로 사는 묘미가 바로 이런 게 아닐까 싶어요.

커즈와일은 2012년 12월부터 구글의 엔지니어링 임원으로 일하고 있어요.

엘론 머스크 같은 엔지니어를 꿈꾼다면